AF315994

NOUVEAU PLAN

D'ADMINISTRATION

DE

LA JUSTICE CIVILE,

DANS LEQUEL

On propose des moyens d'assurer au mérite seul tous les Offices ou Places de Judicature, d'accélérer le Jugement des Procès, & d'en diminuer les frais.

A PARIS,

Chez **CAILLEAU**, Imprimeur-Libraire, rue Galande, No. 64.

1782.

AVANT-PROPOS.

Rien de plus important, & en même tems de plus négligé que l'Administration de la Justice. Aussi est-il peu d'abus aussi énormes & aussi difficiles à réformer que ceux qu'elle présente. A cet égard on pourroit comparer la France à Prométhée, dont un Vautour impitoyable déchire les entrailles; mais du moins, sans doute, elle n'est point destinée, comme lui, à ne renaître que pour être dévorée. Son état actuel n'est point sa nature; ce n'est qu'une maladie invétérée, si l'on veut, mais qui n'est pas incurable. Pour la guérir il faut, je l'avoue, un Médecin fort expérimenté; mais l'humble Berger, errant sur les montagnes, ne peut-il pas y avoir découvert quelques simples salutaires dont une main plus habile saura exprimer les sucs bienfaisans & les appliquer à la plaie?

C'est ce qui me détermine à oser présenter un nouveau plan d'Administration de la Justice. Beaucoup de Citoyens y retrouveront peut-être leurs propres idées; mais qu'ils ne m'accusent point de larcin. Si ces idées sont à eux, je puis aussi les réclamer; & nous les devons sans doute, eux & moi, à l'amour de la Patrie qui nous les a inspirées. Qu'au lieu de me reprocher un plagiat, ils me regardent plutôt comme un fidèle Compatriote, qui joint son suffrage au leur, comme un de leurs plus zélés partisans, qui réunit ſes foibles efforts pour entraîner le baſſin où ſont placées leurs opinions il ne s'agit point d'être auteur, il s'agit d'être Citoyen, & je me flatte de l'être; voilà tous mes titres, tous mes droits, toute ma miſſion.

Tel eſt maintenant l'état des choſes, qu'il eſt impoſſible de faire le bien, même le plus léger, ſans faire en même tems beaucoup de mal. Je ne ferai probablement aucun bien, mais au moins ai-je deſiré faire beaucoup de bien; & par conféquent ſi je ne ſuis pas l'auteur involontaire, au moins ſuis-je le conſeiller de beaucoup de mal. Beaucoup de perſonnes auront donc lieu de ſe plaindre de moi. Mais que ces perſonnes daignent conſidérer que les abus que je propoſe de réformer, ſont portés à leur comble, que depuis très-longtems ils excitent l'indignation publique, que toute la France en ſollicite vivement la ſuppreſſion, & que, tout bien combiné, cet ouvrage eſt peut-être celui où l'on s'efforce de nuire le moins à ces Citoyens malheureuſement trop accoutumés à regarder comme un patrimoine ſacré qu'ils doivent tranſmettre à leurs enfans, ce qui n'eſt qu'un bien odieuſement uſurpé.

Qu'ils ſachent, ces Citoyens un peu trop égoïſtes, qu'ils ſachent que je n'ai pas plus d'indulgence pour moi que pour eux, & que peut-être il n'eſt perſonne à qui l'exécution des plans que je propoſe doivent être plus funeſte qu'à moi-même. S'ils ſont ſuivis, je perds mon état, & que me reſte t-il? L'eſpérance d'en obtenir un nouveau, (qui ne ſera guere lucratif,) par la voie du concours; moi, victime juſqu'à ce jour d'une timidité exceſſive; moi, à qui la nature opiniâtre refuſe conſtamment, malgré tous mes efforts, l'avantage inappréciable de m'exprimer avec facilité ; moi, que trahit sans cesse une mémoire infidèle ; moi, enfin, qui moins que personne puis me flatter de triompher dans un combat, qui, selon mon projet, doit se livrer avec le plus grand éclat, & sous les yeux d'un public nombreux. Mais n'importe : pourvu que le spectacle révoltant de l'ignorance & du vice triomphans ne frappe plus mes yeux ; pourvu que les talens ne soient plus à la chaîne ou enfouis dans l'oubli ; pourvu qu'on ne soit plus forcé de ramper pour s'elever ; pourvu que sans fortune, sans naissance, sans protection, l'on puisse parvenir à toutes les places dont on fera digne ; pourvu que plaider & se ruiner ne soient plus synonymes ; pourvu que le nom sacré de la justice ne glace plus d'épouvante ceux qui l'entendront prononcer ; enfin, pourvu que la Patrie soit fidèlement servie par les plus dignes de ses enfans, je coulerai des jours heureux, quelque humble que soit la place que j'occuperai. La fortune m'est indifférente, & si je suis sensible à quelque gloire, c'est à celle d'avoir bien fait, ou du moins d'avoir voulu bien faire.

Cette fortune qui ne m'a jamais secondé, que ne m'a-t-elle favorisé ! Réformateur austere, & en même tems Citoyen sensible, ma bourse répareroit les maux que feroit ma plume, & les abus disparoîtroient sans qu'il en coûtât une larme à personne.

Puissent des sentimens entierement stériles chez moi se communiquer à ceux qui peuvent les éprouver utilement pour leurs Concitoyens ! Puissent les François régénérés présenter à l'Univers étonné iv

le fpectacle inoui d'un Peuple de freres tendrement
unis!

Comme je n'afpire point à la gloire de décla-
mateur, j'ai eu foin de retrancher ce qui pouvoit
être l'effet d'une premiere effervefcence ; fi néanmoins cet ouvrage contenoit encore quelques ex-
preffions un peu dures, qu'on daigne les attribuer
à l'indignation qu'infpire néceffairement à toute
ame fenfible & honnête la vue de prévarications
multipliées & d'abus révoltans.

NOUVEAU

NOUVEAU PLAN

D'ADMINISTRATION

DE

LA JUSTICE CIVILE.

***

CHAPITRE PRÉLIMINAIRE.

De l'Administration de la Justice, en général.

LORSQUE les Hommes, ou les Familles, se
sont réunis & ont formé des Sociétés, leur objet
sans doute a été de diminuer leurs peines & d'augmenter leur bonheur. Ils avoient remarqué que
ce qu'un seul individu ne pouvoit faire, quels que
fussent ses efforts, deux le faisoient facilement, &

ils en auront conjecturé que peut-être rien ne leur
feroit impoſſible ſi tous joignoient enſemble
leurs forces. Ils auront donc cherché à ſe
réunir en grand nombre ; mais une fois réunis, ils
n'auront pas tardé à s'appercevoir que chacun d'eux
portoit en lui le germe d'une diviſion funeſte. Après
avoir reconnu plus d'une fois les triſtes effets de
cette diviſion, ils auront réſolu de la faire ceſſer en
s'enchaînant en quelque ſorte les uns les autres par
des conventions qu'ils auront juré d'obſerver, &
de ſe faire obſerver les uns aux autres.

Tel le aura été l'origine des Loix Civiles.

Lorſque quelqu'un aura contrevenu aux conventions communes, la victime ou le témoin de la
contravention en aura inſtruit la Société. Auſſi-tôt
elle ſe ſera aſſemblée. On aura entendu le plaignant
ou le délateur, l'accuſé ſe ſera défendu (d'abord
peut être, pendant quelque tems la Société trop
facile à ſe prévenir aura condamné l'Accuſé ſans
l'entendre) & enſuite la Société aura jugé.

Il y a lieu de croire que ç'aura été le plus ancien
qui aura opiné le premier, & comme il ſera ſouvent
arrivé que le reſte de la Société aura été de l'avis de
l'ancien, convaincue de ſa prudence, la Société,
d'ailleurs peut-être trop ſouvent interrompue par
les conteſtations de ſes Membres, aura confié à
l'ancien le ſoin de les juger toutes, ou du moins les
plus ordinaires.

De là l'établiſſement d'un Tribunal permanent.

La Société s'étant prodigieuſement augmentée,
ſes poſſeſſions s'étendant fort loin, & ne voulant
point cependant perdre, en ſe diviſant, les avantages de la réunion, elle aura voulu former un tout
compoſé de diverſes parties, dont chacune fut elle-

même un tout. Dans chaque division un Tribunal aura donc été établi pour connoître des contestations qui s'élèveroient dans cette Division ou Province ; mais, pour conserver l'unité, la connoissance des contestations légères aura seule été accordée à ces nouveaux Tribunaux, ou peut-être aura-t-il été permis d'y porter toutes sortes de différends, mais à condition que si le jugement qui interviendroit déplaisoit à l'une des Parties, elle pourroit aller s'en plaindre au Tribunal primitif.

De là l'origine des Tribunaux de première instance, & de ceux d'appel ou dernier ressort.

Cependant, la Société devient un vaste Empire auquel sont incorporés vingt Peuples vaincus qui avoient leurs Loix & leurs Tribunaux particuliers. Supposons que les vainqueurs laissent aux vaincus leurs Loix, & cependant que ces vainqueurs conservent les leurs.

Peu à peu toute différence entre les vainqueurs & les vaincus s'éclipse ; les Loix des uns & des autres se confondent. Mais parmi un peuple si nombreux, & qui a tant de Loix diverses, les contestations se multiplient à l'infini. Bientôt de nouveaux établissemens font naître de nouvelles espèces de contestations. Pour les régler, il faut des Loix particulières qui n'ont point ou qui n'ont que fort peu de relation avec les Loix qui existoient déja, & qui par conséquent semblent demander une étude particulière. D'ailleurs, les Tribunaux qui connoissoient des anciennes espèces de contestations, en sont surchargés. Il faut donc, pour les nouvelles, créer de nouveaux Tribunaux.

De là l'établissement des Tribunaux d'exception.

Enfin des considérations personnelles font créer

de nouveaux Tribunaux où des citoyens privilégiés
font autorifés à porter les conteftations qui s'élèvent
entre eux & les autres citoyens.

Et telle eft l'origine des Tribunaux d'évocation.

Les trois * fortes de Tribunaux dont on vient de
parler exiftent en France. On fe plaint de leur éta-
bliffement, & l'on veut introduire un changement
à cet égard dans l'adminiftration de la Juftice. On
fe plaint auffi de la manière dont fe fait l'inftruction
des procès, & l'on defire également que cette inftruction foit réformée.

Voyons combien de fortes de Tribunaux il eft
néceffaire d'établir en France, au lieu de ceux qui
y exiftent actuellement, & de quelle manière la
Juftice doit être adminiftrée dans chacun de ces
nouveaux Tribunaux.

Les conteftations qui s'élèvent entre les citoyens,
peuvent fe divifer en deux claffes; les unes font relatives à l'adminiftration politique, les autres à
l'adminiftration civile.

La claffe des conteftations relatives à l'adminiftration civile étant extrêmement étendue, il eft
à propos de la fubdivifer au moins en deux autres
claffes; la première contiendra les conteftations qui
s'élèvent entre les citoyens ordinaires, & la feconde
celles qui naiffent entre les Commerçans.

D'après ces diftinctions, il femble néceffaire d'é-
tablir d'abord trois fortes de Jurifdictions, favoir :

Les Jurifdictions Politiques ou Municipales, qui
connoîtront de la Police * *, de la perception des

---

* On ne parle point ici des Juftices Seigneuriales, parce qu'elles
font un démembrement des Jurifdictions Royales, plutôt qu'une
efpèce de Jurifdiction différente.

* * Ce mot doit être pris dans le fens le plus étendu.

(7)

impôts, de l'adminiſtration de tout ce qui appartiendra au public, & de tout ce qui ſera relatif à ces
trois ſortes d'objets, tant au civil qu'au criminel.

Les Juriſdictions Jurales, proprement dites, ou
ſi l'on veut, Royales, qui prononceront ſur tout ce
qui ſera relatif aux ſucceſſions, à l'exécution des
contrats faits entre particuliers, & aux délits commis dans l'intérieur des maiſons.

Les Juriſdictions Commerçales, où ſe portera
tout ce qui ſera relatif au Commerce, tant au civil
qu'au criminel.

L'erreur eſt le triſte apanage de l'humanité, &
les Juges n'en ſont point exempts. Il faut donc,
après qu'ils ont prononcé ſur une conteſtation, que
la Partie qui ſe trouve léſée par leur jugement, ait
la faculté de s'adreſſer à d'autres Juges, & de leur
prouver, ſi elle le peut, que les premiers ſe ſont
trompés. Mais la déciſion des ſeconds Juges doit
être reſpecté & irrévocable, (ſi ce n'eſt dans des
cas fort rares) parce que connoiſſant le premier
jugement qui a été rendu, & les moyens propoſés
tant pour que contre ce jugement, il y a lieu de
préſumer que la vérité n'a pu leur échapper. Car il
eſt rare que ce qui n'a pu être apperçu lors du premier examen, ne ſe découvre pas dans un ſecond,
& ſi l'erreur eſt difficile à prévenir, au moins eſt-
elle facile à reconnoître lorſqu'elle eſt commiſe.

D'ailleurs il faut qu'il y ait un terme au procès &
il n'y en auroit jamais, ſi l'on vouloit ſatisfaire l'humeur proceſſive de certains plaideurs qui ſubiroient
cent degrés de jurisdiction, ſi l'on vouloit en établir
cent.

Ainſi, & ce ſera ſans-doute l'avis de tout le

monde, il ne faut établir que deux degrés de jurifdiction.

Il eft des cas peu importans où il ne paroît point
y avoir d'inconvénient que le premier jugement
foit auffi le dernier. Ainfi que les Tribunaux de
première inftance jugent en dernier reffort, toutes
les conteftations où il ne s'agira pas d'un objet ex-
cédant fix cens livres, & lorfque la valeur de cet
objet ne furpaffera pas la fomme de 1200 liv., que
le jugement foit exécuté par provifion.

On trouvera peut-être trop peu confidérable la
fomme de 600 liv. ; mais j'obferverai que fuivant
le plan que je propofe, les jufticiables devant très-
rarement être éloignés de plus de 20 à 25 lieues du
Tribunal fupérieur, il n'y a aucun inconvénient à
ne point excéder cette fomme.

Voici maintenant de quelle manière il me femble
qu'on pourroit diftribuer les divers Tribunaux que
je propofe d'établir.

On formeroit d'abord de Paris & fa banlieue,
prife deux lieues à la ronde, une Province.

On partageroit enfuite la France, fans y com-
prendre l'Ile de Corfe & les Colonies, en 20 provinces égales, en raifon compofée du nombre des
habitans & de l'étendue du fol. Cette diftribution
ne feroit point irrévocable, & la Nation la chan-
geroit, lorfque la population d'un pays éprouve-
roit quelque changement.

Dans la Capitale de chacune de ces 21 Provinces,
c'eft-à dire dans la ville qui fe trouveroit approcher
le plus du milieu de la Province, on établiroit trois
Cours fouveraines, favoir la Commiffion intermédiaire des Etats Provinciaux, la Cour de juftice

proprement dite ou Cour du Roi, & la Chambre souveraine du Commerce.

Chaque Province contiendrait à-peu près un million d'habitans. Ensuite on partageroit chaque Province en dix départemens égaux, en raison composée du nombre des habitans & du sol ; ainsi chaque département renfermeroit à-peu-près cent mille habitans.

Dans la principale ville ou le principal lieu, & autant que faire se pourroit, au centre du département, on établiroit 1°. une grande municipalité, dont les jugemens ressortiroient à la commission intermédiaire des Etats de la Province, & qui seroit pour le département tout ce que cette commission feroit pour la Province ; 2°. un Bailliage ressortissant à la Cour de justice ou du Roi ; 3°. une jurisdiction consulaire ou commerçale, dont les appels seroient portés à la Chambre souveraine du Commerce.

On objecte qu'il est à propos que les affaires majeures, relatives au commerce, soient portées par appel des Consuls, devant des Juges gradués, c'est-à-dire devant les Cours que j'appelle de justice. Mais si ces causes sont de nature à ne pouvoir être bien jugées que par des Juges gradués, pourquoi, dès la première instance, ne les porte-t-on pas devant des Juges gradués ? D'ailleurs, qui est ce qui ne connoît pas la science merveilleuse, incompréhensible de nos gradués actuels ? Qui est-ce qui n'aimeroit pas beaucoup mieux être jugé par un commerçant intelligent que par ces illustres gradués?

Au reste ce que je propose ici intéresse directement & particulièrement les commerçans ; ainsi ce font eux qu'il faut consulter à cet égard, & non pas les gens de loi qui toujours voudront attirer à eux ce qui est du ressort des jurisdictions consulaires ; & l'on devine bien pourquoi.

L'Isle de Corse & les diverses Colonies formeroient chacune des Provinces, dans la Capitale desquelles ont établiroit les trois Cours dont il est parlé ci-dessus, & on partageroit ces Provinces en autant de départemens qu'il seroit nécessaire.

La jurisdiction prise en général, se divise en jurisdiction gracieuse & jurisdiction contentieuse.

On pourroit attribuer tout ce qui concerne la jurisdiction gracieuse à des espèces de Tribunaux qu'on établiroit dans chaque Paroisse & qu'on appelleroit petites municipalités. On pourroit aussi autoriser ces petites municipalités à juger en premier & dernier ressort & sans frais, les contestations de toute espèce dont l'objet n'excéderoit pas 12 l. dans les campagnes & 24. liv dans les villes, à connoître des rixes survenues dans les rues ou les champs, des petits vols de fruits & autres légers délits, & à statuer aussi, mais seulement provisoirement, sur ce qui requerroit une très-grande célérité, sauf aux parties à se pourvoir sur le fond devant les Tribunaux qui en devroient connnoître.

L'instruction dans les jurisdictions Municipales & commerçales se feroit sommairement (à-peu-près comme elle se fait actuellement aux Consuls). Quant aux Tribunaux de Justice proprement dits, on proposera un plan fort simple de procédure, & l'on peut assurer que s'il est suivi, les procès coûteront dix fois moins, & feront jugés dix fois plus promptement.

Outre les Tribunaux dont on vient de parler,

il semble néceffaire d'en établir encore quelques autres, ainfi qu'on va le faire voir.

Le vœu général de tous les citoyens paroît être que les Tribunaux de première inftance puiffent juger en dernier reffort les conteftations dont l'objet n'excédera pas une certaine fomme. Mais lorfqu'une des Par-es aura interjetté appel d'un de ces jugemens en dernier reffort, en la Cour de Juftice, qu'arrivera-t-il ? Ce qui arrive actuellement. Des gens de Loi intéreffés à faire recevoir l'appel, le feront admettre. Pour prévenir cet inconvénient, il faudroit établir, comme on avoit fait autrefois, un ou plufieurs Tribunaux qui n'aient uniquement droit que d'examiner fi le Bailliage a pu ou non juger en dernier reffort, & qui ne puiffent jamais prononcer fur le fond de la conteftation.

N'établir pour cet effet qu'un feul Tribunal, ce feroit contrarier le projet de rapprocher les Jufticiables de leurs Juges. Créer un Tribunal de cette efpèce dans chaque Province, ce feroit furcharger l'État de trop de dépenfes. On pourroit donc former trois ou quatre Tribunaux qu'on diftribueroit dans la France de manière qu'ils fuffent à-peu-près au centre de leur territoire.

Comme ces trois ou quatre Tribunaux auroient fort peu d'occupation, on pourroit leur attribuer en premier & dernier reffort la connoiffance des matières bénéficiales qui s'en vont s'éteignant chaque jour, & qui felon toute apparence, ne donneront pas lieu long-tems à des conteftations.

Ces Tribunaux pourroient auffi connoître des demandes en contrariété d'Arrêts intervenus dans diverfes Cours entre les mêmes Parties.

Enfin, fi la voie de la caffation continue d'être

ouverte, lorfqu'un Arrêt de Cour de Juftice auroit
été caffé par le Confeil de Sa Majefté, on pourroit
renvoyer les Parties procéder fur le fond devant celui de ces Tribunaux dans le territoire duquel fe
trouveroit la Cour de Juftice dont l'Arrêt auroit été
caffé.

Au-deffus des Cours de Juftice & des Chambres
du Commerce, il me femble qu'il doit exifter un
Tribunal Suprême qui puiffe caffer leurs jugemens,
lorfqu'elles fe feront écartées des formes prefcrites,
ou que ces jugemens contiendront une injuftice évidente. Dans le premier cas, ce Tribunal doit renvoyer la connoiffance du fond à un autre Tribunal;
dans le fecond cas, le renvoi paroît inutile; mais en
prononçant fur le fond, il femble qu'il devroit in-
fliger une peine aux Juges injuftes ou ignorans qui
l'ont rendu.

Telles font les idées générales qu'on a cru pouvoir propofer fur l'Adminiftration de la Juftice: on
va préfenter à cet égard un projet de Réglement.

ARTICLE PREMIER.

Que l'intérieur du Royaume foit partagé en vingt-
une Provinces égales, en raifon compofée du nombre des habitans & de l'étendue du fol, & que dans
la Capitale de chacune de ces Provinces foienr établies la Commiffion Intermédiaire des États de ladite
Province, une Cour de Juftice & une Chambre
Souveraine du Commerce.

ART. II.

Que chaque Province foit partagée en dix Départemens égaux, en raison composée du nombre des Habitans & de l'étendue du sol, & que, dans chaque département, soient établis une Grande Municipalité, un Bailliage & une Jurisdiction Consulaire.

Dans les pays peu commerçans on pourroit établir un moindre nombre de Jurisdictions Consulaires, & alors une de ces Jurisdictions pourroit renfermer dans son territoire plusieurs Districts.

En formant de Paris & de sa banlieue, prise deux lieues à la ronde, une Province, cette Province se trouvera encore être la plus considérable du Royaume. Quel inconvénient y auroit-il donc d'y pratiquer ce qu'on propose pour les autres Provinces ? Le Châtelet de Paris est surchargé d'affaires : on y sollicite l'Audience pendant un an, & quelquefois plus. On en peut dire presque autant des autres Tribunaux de cette Ville immense. Quand il y auroit quatre Bailliages, autant de grandes Municipalités & de Jurisdictions Consulaires pour la Ville seule & les fauxbourgs, qui est-ce qui auroit lieu de s'en plaindre ? Quelques gens de Loi, peut-être ; mais environ un million de citoyens en seroient satisfaits. Les Tribunaux sont - ils donc établis pour les Gens de Loi ? N'est-ce pas au contraire pour le Public que les Tribunaux & les Gens de Loi eux-mêmes existent ? Que l'on considère donc qu'en suivant notre plan, le territoire de chacun de ces Tribunaux contiendroit près de deux cens cinquante mille personnes, dont l'intérêt sans doute est bien préférable à celui de quinze ou vingt personnes de Loi qui accaparent toutes les affaires, & ne laissent qu'une frivole espérance à leurs Confrères. Alors l'occupation se trouveroit un peu mieux distribuée, & le talent seroit bien moins étouffé. Cette dernière raison doit déterminer à placer les quatre Tribunaux dans quatre quartiers différens. Alors ce né seront plus cinq ou six Avocats qui plaideront toutes les Causes, & une foule de talens ensevelis auront l'occasion de paroître & de se développer. Parmi les Avocats, les Procureurs, en est - il un vingtième qui soit d'un avis opposé à celui qu'on vient de proposer. Les accaparemens détruisent tout, même le génie. Croiroit-on qu'il y a des gens qui se procurent de la célébrité parmi les Gens de Lettres, aux dépens d'Auteurs pauvres dont ils achettent les Ouvrages à vil prix ?

A r t. I I I.

Que les Tribunaux de première inftance puiffent
juger en dernier reffort les conteftations dont l'objet
n'excédera pas fix cens livres, foit qu'il s'agiffe de
retrait lignager, réméré ou autres matières. Lorfque
la valeur de cet objet furpaffera fix cens livres, que
leurs jugemens s'exécutent par provifion jufqu'à
concurrence de la fomme de 1200 liv., nonobftant
l'appel, & fans y préjudicier, en donnant bonne
& fuffifante caution.

A r t. I V,

Que dans toutes Jurifdictions quelconques, tout
foit jugé publiquement en quelque matière que ce
foit, à moins qu'il ne s'agiffe de féparation de corps
& d'habitation, & que les *deux* époux ne demandent
à être jugés à huis clos; que les Juges opinent &
faffent leur rapport à haute voix, en préfence des
Parties ou de leurs Défenfeurs, & même du Public,
& que les motifs du jugement foient exprimés dans
la Sentence ou Arrêt.

Cette difpofition déplaira fans doute à beaucoup de Magiftrats qui fe font érigés en defpotes, & qui s'imaginent que
leur volonté fuprême doit tenir lieu de Loi. Mais les Magiftrats fenfés, qui favent qu'ils ne font que les organes & les
interprètes de la Loi, & qui ne cherchent qu'à s'y conformer &
en préfenter le véritable fens, accepteront volontiers cette occafion de fignaler leurs lumières & leur intégrité, aux yeux de
leurs concitoyens.

A r t. V.

Que dans les Grandes Municipalités & les Com-

(15)

miſſions Intermédiaires des États-Provinciaux, dans
les Jurifdictions Confulaires & les Chambres Souveraines du Commerce les Caufes & Procès foient
jugés fommairement & fans autres frais que ceux
de voyage & féjour; & qu'en conféquence les Parties puiſſent y parler & écrire elles mêmes, ou y
faire parler & écrire qui bon leur femblera, & que
les Sentences & Arrêts foient délivrés en Minute,
& fur papier ou parchemin non timbré (en cas que
le timbre continue d'avoir lieu).

A R T. V I.

Que les Grandes Municipalités connoiffent, à la
charge de l'appel aux Commiſſions Intermédiaires
des États Provinciaux, de tout ce qui concerne la
Police, la Voierie, l'Adminiftration des Domaines
publics (fi l'on juge à propos d'en conferver), des
Hôpitaux & autres Établiſſemens publics, l'ap-
proviſionnement des lieux fitués dans leur reffort,
la perception des impôts, les crimes & délits commis hors l'enceinte des maifons, la révifion des taxes
de dépens faits dans les Tribunaux de Juftice proprement dits, & en général des vacations des diverfes perfonnes dont le miniftère fera néceffaire
dans quelques circonftances que ce foit, tels que
Experts, Médecins, Chirurgiens, &c.

Les frais de Juftice, les honoraires ou vacations des perfonnes dont on eft forcé en quelque forte d'employer le miniftère,
peuvent être confidérés comme de véritables impôts qui pourroient devenir fort onéreux fi la perception n'en étoit furveillée
par des Repréfentans des citoyens, tels que feront effectivement les Membres des Municipalités & des Commiſſions In-

termédiaires. On sent bien que l'article qu'on vient de proposer déplaira à plusieurs personnes ; mais si l'on y réfléchit atten-
tivement, on reconnoîtra que l'exécution parfaite des diverses
dispositions de cet article préviendroit bien des brigandages
& des vexations, & préserveroit même les Citoyens de toute
oppression.

Cet Article n'est que le sommaire d'un Chapitre que l'on
proposera lorsqu'on traitera spécialement des Jurisdictions Municipales.

ART. VII.

Que les Bailliages connoissent à la charge de
l'appel aux Cours Souveraines de Justice, pour le
contentieux seulement, de tout ce qui sera relatif
aux successions, à l'exécution des testamens &
contrats, & à la recherche & punition des crimes
& délits commis dans l'intérieur des maisons.

Ce sont là les seuls objets dont la connoissance semble devoir
être réservée à des Juges qui aient fait une étude particulière
du Droit : Droit qu'il me semble possible de simplifier à tel
point, que le nombre des procès se trouve réduit au quart de ce
qu'il est actuellement.

ART. VIII.

Que les jurisdictions consulaires, connoissent, à la
charge de l'appel aux Chambres souveraines du
Commerce, de toutes contestations qui s'éleveront
entre Marchands, pour le fait du Commerce dont
ils se mêlent, de l'exécution des lettres-de-change
& billets à ordre souscrits ou endossés par des Marchands mineurs de 25 ans, & *par toute sorte de personnes âgées de 25 ans accomplis,* de l'homologa-
tion des contrats d'atttermoiement de personnes
quelconques, des contrats d'union entre créanciers
de

de perfonnes quelconques , & généralement de tout ce qui concerne les directions , ordres , collocations, diftributions de deniers & autres opérations relatives , fauf aux Juges de ces Jurisdictions à renvoyer les parties pardevant des Avocats , pour avoir leur avis , ou même pardevant les Tribunaux de juftice ; de la pourfuite & punition des banqueroutiers frauduleux ; des féparations de biens entre époux , marchands , négocians ou banquiers.

Voilà encore un Article qui déplaira à des Gens de Loi , & que peut être approuveront tous les autres Citoyens, & fur-tout les Négocians. Quand un Réglement plaît aux Jufticiables , & déplaît à des Gens de Loi, que doit-on penfer de ce Réglement.

A r t. I X.

Que dans chaque Paroiffe de campagne & dans chaque quartier de ville , foit établie une petite municipalité qui connoîtra fommairement & fans frais, & en premier & dernier reffort, entre perfonnes domiciliées ou réfidentes , dans le reffort de ladite municipalité , ou qui confentiront d'y procéder de toutes conteftations quelconques, dont l'objet n'excédera pas 12 liv. dans les campagnes, & 24 liv. dans les villes ; que lesdites petites municipalités puiffent, lorfque toutes les parties intéreffées y confentiront, connoître de toutes fortes de conteftations fommairement & fans frais , & à la charge de l'appel en celle des trois Cours fouveraines , qui fera compétente. Que ces petites municipalités puiffent auffi ftatuer provifoirement & fans frais , furce qui requerra une très grande célérité, fauf aux parties à fe pourvoir fur le fond devant le Tribunal compétent. Enfin qu'aux Membres de ces petites municipalités appartienne dans tous les cas, l'exercice de la jurisdiction gracieuse & volontaire.

Un Locataire éménage sans payer ; une partie de la digue d'un moulin vient d'être emportée, & le reste le sera bientôt si l'on n'y remédie promptement. Mille autres accidens semblables surviennent. N'est-il pas intéressant de pouvoir recourir à l'instant même à l'autorité de la Justice, & en obtenir une décision provisoire qui ne peut nuire à personne ? Que d'embarras on éprouve maintenant dans de pareilles circonstances ! Que de frais même ne faut-il pas faire pour parvenir à obtenir un Jugement provisoire ?

Art. X.

Que les Magistrats qui exerceront dans les trois Cours les fonctions du Ministère public, se réunissent en nombre égal une fois par mois, au parquet des Gens du Roi de la Cour de justice, pour régler les conflits de jurisdiction qui s'éleveront entre elles ou les tribunaux qui en dépendront.

Art. XI.

Qu'il soit établi dans le Royaume trois ou même quatre Cours souveraines pour connoître si les contestations ont pu être jugées en dernier ressort dans les Tribunaux du premier dégré, (c'est-à-dire dans les grandes Municipalités , Bailliages & jurisdictions consulaires. Que les demandes en contrariété d'arrêts rendus entre les mêmes parties, sur la même cause, en différentes Cours de Justice ou Chambres souveraines du Commerce, soient portées devant celle de ces trois (ou quatre) Cours.

fouveraines, dans le reffort de laquelle fera fitué le Tribunal qui aura rendu le dernier arrêt. Que tout ce qui concerne fes matières bénéficiales foit porté dans ces Cours pour y être jugé en premier & dernier reffort; & lorfqu'un arrêt de Cour fouveraine de juftice ou de Chambre fouveraine du commerce aura été caffé, que le fond de la conteftation foit renvoyé en celle de ces trois (ou quatre) Cours, qui fera la plus voifine de la Cour, dont fera émané l'Arrêt caffé, à moins cependant que toutes les parties intéreffées ne demandent à être renvoyées en un autre Tribunal fupérieur.

A R T. X I I.

Que les offices de Confeillers des Tribunaux inférieurs ne puiffent être exercés que par des Citoyens âgés de 25 ans accomplis, & ceux des Tribunaux fupérieurs, par des Citoyens, âgés de 30 ans accomplis; & que jamais il ne puiffe être accordé de difpenfe d'âge pour quelque caufe que ce foit.

Si l'on accorde une difpenfe à quelque citoyen diftingué par un mérite fupérieur, on ne tardera pas à avoir les mêmes égards pour un fujet un peu moins illuftre, & l'on finira bientôt par prodiguer les difpenfes à ceux-mêmes qui en feront les plus indignes.

A R T. X I I I.

Que nul Citoyen ne puiffe être en même temps Membre de plufieurs jurisdictions.

Cependant fi les Offices des Tribunaux de Juftice proprement dits font données à vie , il semble qu'un Membre de ces Tribunaux pourroit être en même tems Membre d'une Jurifdiction Municipale ; mais en ce cas ses fonctions de Juge de Bailliage ou Cour de Justice devroient être suspendues pendant le tems qu'il seroit Membre d'une Municipalité ou d'une Commission Intermédiaire d'États-Provinciaux.

On croit devoir s'occuper , en premier lieu , des Tribunaux de justice, proprement dits, & de la manière d'y procéder.

Ensuite , si le temps le permet, on présentera quelques plans relatifs aux tribunaux municipaux,

DES TRIBUNAUX

DE JUSTICE,

PROPREMENT DITS.

Ce livre contient deux parties. Dans la première on traite des offices, du nombre, du choix & des devoirs & fonctions de ceux qui doivent les exercer. Dans la seconde on propose un plan de procédure civile fort simple, & que l'on croit très-propre à faciliter l'instruction des procès, à en diminuer les frais & en accélérer le jugement.

PREMIERE PARTIE.

Cette partie contient des plans qui déplairont sans-doute beaucoup à certaines personnes. Mais la plupart des Citoyens reconnoîtront peut-être avec plaisir, qu'en cherchant à servir utilement sa patrie, l'Auteur s'est efforcé de préjudicier, le moins qu'il seroit possible, à ceux qui, jusqu'ici, ont profité des abus qu'il s'agit de supprimer. Ceux-ci probablement ne lui en sauront aucun gré, & ils ne verront en lui qu'un novateur pernicieux qui se plaît à tous confondre. Mais quelque doive être le jugement qu'on portera de son ouvrage, quelque sentiment qu'on doive éprouver à l'égard de l'Auteur, rassuré par sa propre conscience & convaincu de la pureté de ses intentions, il ne craint point de présenter à la Patrie ce léger gage de son dévouement.

CHAPITRE PREMIER.

Des Offices.

En établissant les divers Offices de judicature, on ne s'étoit proposé d'abord que de faciliter l'exercice de la Justice. Ainsi le bien public étoit le seul objet de cette institution. Des Princes ambitieux, incapables de gouverner leurs Etats, & cependant toujours avides d'en conquérir de nouveaux, saisissent avec avidité tout ce qui semble propre à favoriser dans l'instant leurs désirs. L'argent est le nerf de la guerre, & la guerre fait leurs délices. Se procurer de l'argent semble donc pour eux le comble du bonheur, & pourvu que de l'argent passe dans leur trésor, comme l'eau dans le tonneau des Danaïdes, ils sont satisfaits. Pour obtenir cet argent fugitif, qu'il faille concéder à des hommes avides le droit de pressurer à perpétuité leurs Concitoyens & de pomper toute leur substance, peu importe à ces guerriers qui se croient placés sur la terre pour détruire, & non pas pour vivifier. Telle est l'histoire malheureusement trop fidèle de la création d'un grand nombre des Offices qui existent actuellement & de l'origine de la vénalité de tous.

(23)

L'emploi augufte & pénible de rendre la juftice a été vendu ; l'emploi faftidieux d'en tranfcrire les oracles a été vendu ; l'emploi fatiguant d'en fignifier & d'en faire exécuter les décrets, a été vendu, le droit d'examiner les pièces volumineufes des plaideurs & d'y fcruter des moyens pour leur défenfe, en un mot le droit de fe torturer l'efprit pour un autre a été vendu, & s'il eft quelque chofe qui doive furprendre, c'eft que le droit d'exifter n'ait pas encore été vendu.

Mais en vendant des devoirs à remplir, on a bien fenti que fi l'on ne vendoit que les devoirs, on ne trouveroit pas d'acheteurs. En conféquence les vendeurs ont annexé aux devoirs qu'ils vendoient certains émolumens, certains priviléges qui ne paroiffoient être que la récompenfe de l'accompliffement de ces devoirs, mais qui ne tardèrent pas à égaler & quelquefois furpaffer le capital de la finance fournie par les premiers acquéreurs. Alors le prix des Offices augmenta. L'efprit mercantile s'introduifit dans la judicature. L'intérêt public fut oublié, & l'acquifition d'un Office ne parut plus qu'une occafion de faire fortune. De là le défir & bientôt la néceffité de preffurer les Citoyens ; car le prix des Offices parvint à un degré fi exorbitant, qu'après les avoir acquis, on fe vit forcé d'opter entre l'indigence & l'oubli de toute délicateffe.

(Ce n'eft point une déclamation, c'eft la dépofition d'un témoin ; difons plus, c'eft la confeffion d'un accufé, innocent cependant).

Conferver les Offices actuellement fubfiftans & vouloir rappeller ceux qui les poffèdent à l'inftitution primitive de ces Offices, ce feroit plonger,

B 4

dans la misère la plus affreuse des milliers de Citoyens. Tel Office se vend aujourd'hui 300 mille livres, & en rapporte 40 ou 50 mille, qui ne produiroit pas plus de 3 à 4 mille livres à celui qui l'exerce, en lui attribuant même des honoraires proportionnés au travail nécessaire.

Si l'on suivoit le plan de procédure qui sera proposé ci-après, & qu'on laissât subsister tous les Offices de Procureurs actuellement établi, en supposant que les affaires fussent également partagées entre eux, chacun ne gagneroit peut-être pas 200 l.; & cependanr il est des Offices de Procureurs qui se sont vendus plus de 80 mille livres. Il est vrai qu'en vendant ces Offices, on cède les recouvremens qui en dépendent, mais ils est bien rare que ces recouvremens excèdent le tiers du prix total; ainsi il y a des Offices dont le titre seul, en considérant les choses au moment de la réforme, se trouveroit avoir coûté environ 50 mille livres. Supposons que célui qui posséderoit l'un de ces Offices, fut aussi occupé que dix de ses confrères, ce qu'il gagneroit monteroit tout au plus environ à deux mille livres; ainsi, il ne retireroit en travaillant que quatre pour cent de son argent, & il faut observer que probablement cet argent n'est point à lui, & qu'il en paye à d'autres l'intérêt au moins à cinq pour cent. Comment donc existeroit-il ? *.

On ne craint point de soutenir que si l'on veut conserver les Offices qui existent, & surtout ceux

---

* Et que feroient ses neuf autres confrères ? car nous avons supposé qu'il étoit aussi occupé que dix, ce qui ne se peut faire qu'aux dépens de neuf.

des Procureurs, il eft impoffible de faire même la plus légère réforme, fans ruiner ceux qui les exercent. Que l'on faffe attention que depuis dix ans la valeur des Offices eft doublée, & que l'occupation au contraire diminue tous les jours, qu'ainfi tout Procureur, qui s'en tient ftri&tement à ce qui eft permis par les Réglemens, jouit, TOUT AU PLUS, du plus étroit néceffaire. Il n'y a point là d'exagération, & l'on en préfentera dans la fuite des preuves capables de convaincre le plus intrépide Pyrrhonien.

Ce qui rend maintenant les fon&tions des Procureurs néceffaires, c'eft ce dédale de procédures dans lequel on force les parties d'errer. Si ce dédale obfcur étoit détruit, fi les avenues du temple de la juftice étoient éclairées & applanies, ou, pour parler d'une manière intelligible pour tout le monde, fi l'on admettoit un plan de procédure, tel qu'il n'y eût pas de Citoyen qui ne pût lui-même défendre fa caufe, il faut convenir que le miniftère des Procureurs feroit abfolument inutile.

Le plan qu'on propofera pourroit-il procurer cet avantage ? C'eft à la Nation à en juger. Quoiqu'on n'ofe guères fe flatter qu'elle l'adopte, on va néanmoins raifonner dans cette fuppofition.

Les Offices de Procureurs, felon notre plan, étant inutiles, doivent être fupprimés. Pour ces Offices une finance a été payée à l'Etat ; fi l'on fupprime ces Offices, il faut que cette finance foit rendue ; il ne peut y avoir de difficulté à cet égard. Mais à ces Offices eft annexée une pratique qui fe vend ordinairement conjointement avec eux. Cette pratique, c'eft d'une part l'efpérance d'obtenir la continuation de la confiance que des cliens avoient accordée au précédent titulaire, de l'autre le droit de recouvrer tout ce qui se trouve dû par ces cliens. Voilà donc deux choses vendues, savoir des recouvremens que la suppression ne fera point perdre, & une espérance que cette suppression fera totalement évanouir. C'est de la perte de cette espérance qu'il est juste ou au moins équitable, d'indemniser celui dont on supprime l'Office. Mais comment déterminer cette indemnité ? Voilà ce qui est embarrassant.

En effet, la valeur des recouvremens est très variable. Telle pratique qui s'est vendue 50 mille liv., ne contient pas dix mille livres de bons recouvremens, pendant que telle autre qui ne se sera vendue que trente, en aura contenu vingt. Ainsi il est difficile d'évaluer au juste ce qu'à été vendue la simple espérance de conserver la confiance des cliens actuels, & d'acquérir celle de quelques autres. Cependant pour bien faire cette évaluation, un peu de délicatesse de la part des Officiers supprimés suffiroit.

Comme on ne voudra probablement point s'en rapporter à leur bonne foi, voici, ce me semble, de quelle manière la liquidation des Offices supprimés pourroit se faire. L'Officier supprimé représenteroit son ou ses titres d'acquisitions, tant de l'Office que de la pratique. On lui rembourseroit le prix de la finance & les deux tiers * du prix de la

---

* Ces deux tiers seroient beaucoup trop pour quelques-uns. Ne pourroit-on pas commencer par demander aux Officiers un état de l'indemnité q'ils croiroient leur être due ? On leur accorderoit ce qu'ils desireroient, lorsque cela n'excéderoit pas les deux tiers de la pratique. Toutes les déclarations, dira-t-on, égaleront ces deux

pratique. Si l'on fupprimoit les Offices d'Avocats au Confeil il feroit équitable de leur rembourfer les trois quarts du prix de la pratique, outre la finance de l'Office.

Si l'on fuivoit ce plan, les anciens Officiers prétendroient peut-être fouffrir une léfion confidérable, mais il eft facile de faire voir que loin d'en fouffrir aucune, ils retireroient encore quelque bénéfice.

Un Officier qui a acquis, il y a plus de vingt-cinq ans, moyennant 20 ou 30 mille livres, un Office qui fe vend aujourd'hui 60 ou 80 mille livres, eût fait fans doute un gain confidérable, s'il l'eût vendu avant la réforme; de forte qu'il pourroit paroître effuyer une perte énorme, en recevant, lors de la fuppreffion, moins de 20 à 30 mille livres. Mais qu'eft-ce que cette perte? C'eft la privation d'un gain, & non pas une perte réelle. Or, lorfqu'on réforme des abus, c'eft bien affez pour ceux qui les commettoient de ne point faire de perte réelle.

Enfuite on a fuppofé ci-deffus que tous les recouvremens dépendans d'une pratique, ne font que le tiers du prix de cette pratique, ce qui peut être vrai actuellement; mais il y a vingt ou vingt-cinq ans les recouvremens excédoient certainement le tiers de la valeur de la pratique. Enfin, pendant ces vingt ou vingt-cinq dernières années, ils ont retiré un très-grand profit de leur Office; autrement ils n'euffent pas laiffé échapper l'occafion de s'en demettre à un prix fi avantageux.

On approuvera peut-être ce projet de rembour-

___

tiers. Je réponds : Non ; je foutiens qu'il y aura des déclarations exactes, & d'une exactitude telle qu'elle éto. nera bien des gens, & des gens qui fe piquent de délicateffe.

sement ? Mais, s'écriera-t-on, de quelle manière l'opérer dans les circonstances présentes ?

S'il s'agissoit d'un pays, dont le sol ingrat en tint les habitans dans une certaine dépendance des Peuples voisins, il faut avouer que la réforme proposée seroit difficile à exécuter, au moins d'une manière équitable. Mais qu'est-ce que la France ? C'est un vaste Empire qui se suffit à lui-même, & qui pourroît être heureux, quand même il rompróit toute communication avec les Etrangers. Ses richesses sont donc, pour ainsi dire, dans sa volonté ; & un mot prononcé au nom de la Nation, feroit naître l'opulence.

De petits esprits incapables de discerner les différences des circonstances vont peut-être s'allarmer. Mais que dire à des espèces d'automates, dont toute la logique consiste à se rappeller certains faits, lorsque certains mots frappent leurs oreilles ? Il faut les laisser se tourmenter, s'affliger, se désespérer, jusqu'à ce que l'événement ait calmé leurs frayeurs insensées.

On pourroit créer un certain nombre de billets de caisse Nationale. Les Officiers supprimés auroient la faculté de se contenter de la rente à quatre ou cinq pour cent du capital auquel leurs office & pratique auroient été liquidés, ou de recevoir, dès l'instant, ce capital, en billets de caisse. Ces billets seroient reçus comme argent comptant dans toutes les caisses publiques. Pour diminuer plus promptement le nombre de ces billets, on vendroit à l'enchère les domaines publics qui ne feront toujours, quoiqu'on puisse faire, que des objets de déprédation.

Ne pourroit-on pas vendre auffi tous les biens fonds appartenans aux Communautés, tant laïques qu'Eccléfiaftiques & aux Bénéficiers? Le prix qui en proviendroit feroit verfé dans le tréfor public, qui en feroit la rente à ceux à qui ces biens auroient appartenu.

Ce plan ne plaira point aux Adminiftrateurs de ces Communautés ; mais quel tort l'exécution de ce plan feroit-il à ces Communautés ? Loin de leur nuire, cette exécution leur feroit très-avantageufe.

De cette manière, la majeure partie des billets ne tarderoit point à rentrer dans la caiffe, & en préfence des Commiffaires de la Nation, on fupprimeroit les billets rentrés, à mefure que la fituation des Finances réelles le permettroit.

Par là peut-être, avant fix, ou au moins avant dix ans, la France, délivrée dès-à-préfent de cette foule d'Offices dont elle eft écrâfée, fe verroit quitte de toutes fes dettes, fans que perfonne eut le moindre fujet de fe plaindre.

Ce qu'on vient de dire des Offices de Procureurs peut s'appliquer à tous les Offices auxquels une pratique eft attachée, tels que ceux de Notaires & d'Huiffiers.

A l'égard des Offices, foit de Juges ou de Greffiers, il fembleroit qu'on ne devroit leur rembourfer que la finance primitive de leurs Offices ; mais l'équité femble exiger qu'on rembourfe à chacun d'eux ce que fon contrat prouve qu'il a payé. Et comme les frais de réception, qui ne devroient jamais avoir lieu, font néanmoins un objet confidérable, on devroit en tenir compte au moins à ceux qui sont reçus depuis peu de temps.

Jusqu'ici l'on n'a paru parler que du cas de suppression absolue, mais le projet qu'on vient de présenter est général, & il comprend tous les Offices sans exception. La vénalité est une source d'abus qu'il faut absolument détruire ; mais il faut prendre garde de remplacer un abus par un autre. Si la vénalité est la protectrice de l'incapacité, la brigue & la faveur ne le sont pas moins. Lorsqu'on traitera du choix des Officiers, les plans qu'on présentera paroîtront peut-être prévenir tout inconvénient. Il ne s'agit en ce moment que d'offrir un projet général sur les Offices.

ARTICLE PREMIER.

Que toutes les charges auxquelles il n'y a point de pratique annexée, soient supprimées sur le pied de la dernière vente de chacune (ou si l'on veut, des dernières ventes) & à l'égard de celles auxquelles une pratique est annexée, qu'outre la finance de l'Office, il soit accordé une indemnité.

Si l'on n'adopte point le projet d'indemnité qu'on a proposé, cette indemnité pourroit être réglée par les Officiers Municipaux des lieux, qui devroient faire ensorte que tout Officier supprimé se trouvât après la suppression, à-peu-près en l'état où il étoit avant l'acquisition.

ART. II.

Que dans chaque Cour Souveraine (de Justice) il soit créé un Office de Premier Président, deux de Présidens, vingt six de Conseillers, dont deux seront annuellement Secrétaires,& feront les fonctions de Greffier, un de Procureur-Général ou de premier Avocat-Général, quatre d'Avocats-Généraux, vingt-cinq d'Avocats & dix d'Huiſſiers.

On croit que le nombre de vingt-cinq Avocats fera plus que ſuffiſant, parce qu'on propoſe de permettre à chacun de plaider ſa cauſe lui-même. On ne parle point de Subſtituts, parce qu'on penſe qu'il vaut mieux établir nn plus grand nombre d'Avocats. Généraux.

A R T. I I I.

Que chaque Cour Souveraine ſoit partagée **en** deux Chambres égales, l'une civile, l'autre criminelle, dans chacune deſquelles ſerviront alternativement tous les Magiſtrats, à l'exception du Premier Préſident, qui ſervira toujours à la Chambre Civile.

A R T. I V.

Que dans chaque Bailliage il ſoit créé un Office de Préſident (ou Lieutenant-Général), quatre de Conſeillers, dont un fera l'Office de Secrétaire ou Greffier, un Office de Procureur ou premier Avocat-du-Roi, deux d'Avocats-du-Roi, ſix d'Avocats & autant d'Huiſſiers.

Selon notre plan le reſſort des Cours Souveraines ne devant pas être fort étendu, il eſt inutile d'autoriſer les Bailliages à condamner à un ſupplice capital en dernier reſſort, & trois ou quatre Juges ſont bien ſuffiſans pour juger en dernier reſſort de conteſtations dont l'objet n'excédera pas ſix cens liv.

A R T. V.

Que tout Magiſtrat qui aura exercé ſes fonctions

pendant vingt-cinq ans puiffe , s'il le juge à propos, fe retirer , & jouir de la moitié de fes appointemens.

Art. VI.

Que l'Office de tout Magiftrat qui aura exercé fes fonctions pendant 40 ans, foit cenfé vacant & donné à un autre, de la manière qui fera ci-après indiquée, & que néanmoins l'ancien Magiftrat continue de fiéger & de jouir de fes appointemens de la même manière que les autres Magiftrats.

Il eft des Magiftrats dont le zéle ne s'éteint qu'avec leur vie ; mais la nature ne feconde pas toujours leurs efforts, & malgré leur bonne volonté, ils fe trouvent quelquefois forcés de faire languir les Plaideurs ; c'eft cet inconvénient que l'on fe propofe ici de prévenir d'une manière qui n'ait rien d'affligeant pour l'ancien Magiftrat.

Art. VII.

Que tout Office d'Avocat ou d'Huiffier qui aura été exercé fans interruption par un citoyen pendant vingt-cinq ans, foit cenfé vacant, & que néanmoins l'ancien Avocat ou Huiffier continue, s'il le juge à propos, de refter fur le Tableau, & d'exercer fa profeffion.

Pour faciliter le rembourfement des Offices fupprimés , on pourroit exiger des nouveaux Officiers, a titre de prêt, une certaine fomme dont on leur paieroit l'intérêt a quatre pour cent, jufqu'au remboursement; par exemple :

COURS SOUVERAINES. { Pour un Office de Préfident de Cour Souveraine ,	50000 l,
Pour un Office de Confeiller ,	25000
Pour un Office d'Avocat Général ,	30000
Pour un Office ou Place d'Avocat ,	10000
Pour un Office d'Huiffier ,	6000

BAILLIAGES.

<table>
<tr><td rowspan="4">BAILLIAGES.</td><td>Pour un Office de Conseiller ;</td><td>12000 l.</td></tr>
<tr><td>Pour un Office d'Avocat du Roi ;</td><td>15000</td></tr>
<tr><td>Pour un Office ou Place d'Avocat ,</td><td>6000</td></tr>
<tr><td>Pour un Office d'Huissier ;</td><td>3000</td></tr>
</table>

En supposant 21 Cours Souveraines , 210 Bailliages , cet emprunt procureroit ; selon notre plan , une somme de   52500000

SAVOIR :

<table>
<tr><td rowspan="5">COURS SOUVERAINES.</td><td>Pour 42 Offices de Présidens , non compris ceux de Premiers Présidens ,</td><td>2100000</td></tr>
<tr><td>Pour 546 Offices de Conseillers ,</td><td>13650000</td></tr>
<tr><td>Pour 84 places d'Avocats-Généraux ,</td><td>2520000</td></tr>
<tr><td>Pour 525 places d'Avocats ;</td><td>5250000</td></tr>
<tr><td>Pour 210 Offices d'Huissiers ;</td><td>1260000</td></tr>
</table>

<table>
<tr><td rowspan="4">BAILLIAGES.</td><td>Pour 840 Offices de Conseillers ,</td><td>10080000</td></tr>
<tr><td>Pour 420 Offices d'Avocats-du-Roi ;</td><td>6300000</td></tr>
<tr><td>Pour 1260 places d'Avocats ,</td><td>7560000</td></tr>
<tr><td>Pour 1260 Offices d'Huissiers ;</td><td>3780000</td></tr>
</table>

    52500000 l.

On a supposé que l'on n'exigeroit rien des Premiers Présidens, des Procureurs-Généraux, des Présidens ou Lieutenans-Généraux des Bailliages & des Procureurs-du-Roi ; supposons maintenant qu'on demande à titre de prêt, S A V O I R :

Pour un Office de Premier Président ;   60000 l.

Pour un Office de Procureur-Général , 50000 l.
Pour un Office de Préfident ou Lieutenant-Genéral
 de Bailliage , 25000
Pour un Office de Procureur-du-Roi , 20000
 Cela procurera :
Pour 21 Offices de Premier Préfident , 1260000
Pour autant d'Offices de Procureurs-Généraux , 1050000
Pour 210 Offices de Préfidens , ou Lieutenans-
 Généraux de Bailliages. 5250000
Pour autant d'Offices de Procureur-du-Roi , 4200000

Ce qui produira une fomme de 11760000

Laquelle ajoutée à celle de 52500000

Forme celle de 64260000

Que l'on recevroit tant en argent qu'en billets de caiffe Nationale. Cette fomme ne fuffiroit certainement pas pour rembourfer tous les Offices exiftans en France , & même à Paris,
en adoptant le plan d'indemnité propofé , mais au moins elle
ferviroit à effectuer ce remboursement en grande partie, ou ce
qui revient au même, à faire rentrer au tréfor public une por-
tion confidérable des billets de caiffe créés pour cet effet. Au
refte, quellequ'opinion qu'on ait de notre projet, fi l'on fait une
maffe générale de tous les Offices actuellement exiftans , on reconnoîtra fans doute que les citoyens payent l'intérêt à plus de
dix pour cent de la fomme totale à laquelle monte la valeur actuelle de ces divers Offices. Il y auroit un moyen bien fimple ,
& certainement bien moins couteux, de faire la réforme ; ce
feroit de ne rembourfer que la finance des Offices ; mais ce
moyen eft-il honnête ? & pourroit-il être adopté par une Nation généreufe ? La France, fans opprimer , peut ceffer d'être
opprimée.

CHAPITRE SECOND ET TROISIEME.

Du choix des Officiers, & de leurs Devoirs & Fonctions.

CES deux Chapitres font fans doute les plus importans de cet Ouvrage. On a effayé d'y raffembler tout ce qui pouvoit procurer à la Juftice de fidèles Miniftres, & aux citoyens d'intègres Protecteurs & de zélés Défenfeurs.

Puifqu'une malheureufe expérience nous a convaincus qu'en embraffant un état, prefque perfonne ne penfe aux devoirs qu'il lui impofe, puifqu'on voit le Pygmée fe charger hardiment du fardeau qu'un Hercule pourroit à peine foutenir, fans s'embarraffer fi, en l'écrâfant, il n'écrâfera point une Province entière, puifqu'enfin le libertin qu'un père de famille honnête rougiroit de recevoir dans fa maifon, a quelquefois l'impudence de folliciter l'emploi pénible, redoutable de Gardien des mœurs, qu'un citoyen vertueux n'accepteroit qu'en tremblant, il faut bien épuifer tous les moyens de bannir du Sanctuaire de la Juftice, & des avenues mêmes de fon Temple, tout être dont le fouffle empefté pourroit corrompre l'air pur qu'on doit y refpirer, ou dont l'ignorance viendroit répandre des nuages funeftes dans un lieu où ne doit briller que la plus éclatante lumière.

Il n'eft perfonne maintenant qui ne foit convaincu

que les examens actuels font abſolument inſuffiſans pour conſtater les mœurs & la capacité de ceux qui ſe préſentent pour exercer un Office. Quant aux mœurs, on ne cherche pas même à paroître s'en occuper aujourd'hui; il n'y a que la capacité ſur laquelle on a du moins l'apparence de n'être pas indifférent. Mais ce n'eſt qu'une ſimple apparence, car celui qui ſait beaucoup & celui qui ne ſait rien, ſont également reçus Bacheliers, Licenciés en Droit, Avocats, & enfin Conſeillers, même de Cour Souvèraine; & cependant tous deux ont également ſubi, non pas un examen, mais au moins deux, dont le premier dure deux heures, & le ſecond trois.

Comment ces examens, qui ont conſtaté la capacité de l'un, n'ont-ils point conſtaté l'incapacité de l'autre ? Comment quatre perſonnes inſtruites, & très-inſtruites, puiſque ce n'eſt que par la voie du concours qu'elles ont obtenu leurs places, places lucratives qui font toujours l'objet des vœux d'un grand nombre de concurrens, comment ces quatre perſonnes, vraiment inſtruites, peuvent-elles examiner tête-à-tête, pendant deux ou trois heures, un homme qui eſt cenſé s'être livré pendant trois ans à l'étude du Droit, en avoir reçu pendant tout ce tems les leçons, par écrit & de vive voix, *ſcriptis & auribus*, & qui par conſéquent doit être en état de faire briller ſon ſavoir pendant bien plus de deux ou trois heures, comment ces quatre perſonnes, après un ſi long examen, parviennent-elles à ne pouvoir découvrir que cet homme ne ſait rien, abſolument rien, & j'invoque à cet égard la notoriété publique.

Mais, ce qui eſt au-deſſus de toute croyance humaine, c’eft que ces quatre Examinateurs, *conful-tiffimi*, ont le courage d’attefter que d’après un mur examen, *præmiffo diligenti examine*, ils ont reconnu que le Candidat, toujours bien recommandable par fa vie décente & la pureté de fes mœurs, *laudabili vitâ & morum probitate commendatum*, a fait tant & de fi grands progrès dans l’étude de l’un & l’autre droit (& le Droit Civil & le Droit Canon), qu’on ne peut plus, en confcience, lui refufer le prix de fes longs , de fes pénibles travaux, *tantùm in Juris UTRIUSQUE ftudio profecerit ut nobis vifus fit DIGNUS qui fuorum laborum fructum perciperet*. En conféquence, pour rendre témoignage à la VÉRITÉ, *Nos veritati teftimonium perhibere cupientes*, on le déclare Licencié.

Le voilà donc Licencié des Écoles, & livré à la Patrie, comme un citoyen digne de la fervir. Le voilà *légalement* favant : fa fcience eft *authentique*, & elle doit, ou du moins elle peut s’exercer jufqu’à ce qu’à ce qu’on fe foit infcrit en faux contre elle. La Nature marâtre lui eût-elle à peine accordé quelque parcelle de ce bon fens qu’elle accorde affez libéralement à tous les hommes ; pût-il à peine diftinguer une Sentence d’un Exploit d’affignation, fût-il à peine lire & figner fon nom, n’importe : le voilà Gradué, autorifé à fe faire recevoir au ferment d’Avocat, & en conféquence à défendre *par - tout* les intérêts de la veuve & de l’orphelin, à fuppléer en cas d’abfence le nombre des Juges qui doivent prononcer en dernier reffort, fur la vie & l’honneur d’un citoyen, & peut - être fera-ce ce Gradué qui tranchera le dernier fil qui fufpendoit encore le glaive fur la tête d’un innocent.

Ces jeunes élégans, que douze fois en trois ans,

les Écoles ont vu paroître & disparoître avec la rapidité de l'éclair, ces aimables ignorans que comme de zéphyrs légers on voyoit voltiger sans cesse autour des Flores sémillantes ; eh ! par quel hazard les voilà-t-il transportés soudain dans le Sanctuaire de Thémis ?

Oh ! ceux-la, respectez-les ; car, nonobstant les Lettres en parchemin duement signées & scellées, qui attestoient leur science reconnue *diligenti examine*, on leur a fait subir une nouvelle épreuve ; une information de vie & de mœurs a même été faite ; un Arrêt solemnel les a reçus Prêtres de la Justice, & tout ce qui s'échappe de leur bouche quand ils sont assis sur les fleurs de lys, ce sont autant d'oracles aussi sûrs, aussi clairs que ceux de Calchas ou de la Pythonisse, & que parconséquent vous devez écouter avec un silence respectueux..... Mais ils ne savoient rien hier ; comment savent-ils tout aujourd'hui ?.... *Il y a Arrêt*.... Pourvoyez-vous, si vous le voulez & le pouvez, en cassation, ou par Requête civile.

Certainemement on feroit bien rire les lecteurs si on leur racontoit quelques anecdotes relatives aux *sens, suffisance & capacité* de maint Officiers de Justice, & sans doute cette partie de notre discours ne seroit pas celle qui déplairoit le plus à un grand nombre de nos Lecteurs ; mais font ce des ris qu'il faut ? Quoi ! François inconséquens, François, qui vous plaignez tant d'être opprimés, & qui méritez tant de l'être, votre vie, votre honneur, vos biens, tout est compromis, & vous riez ! En vérité, l'on diroit que tout ce qui se passe en France n'est qu'une Comédie dont vous n'êtes que simples spectateurs. Vous ne rirez pas sans doute, vous, respectables

Citoyens, à qui ce peuple léger a confié ses intérêts, & votre juste indignation proscrira des abus qui font verser tant de larmes à ceux qui en font les victimes, tandis qu'ils n'excitent que la risée de ceux qui en font témoins, & qui ne songent pas que demain, peut-être, ils subiront le même sort.

Tous ces abus, si risibles pour tant de citoyens, si funestes pour tous, prouvent, selon bien des personnes, qu'il faut que désormais les examens se fassent avec plus de sévérité. Mais cette sévérité, qui est-ce qui l'entretiendra ? Avant un an, la faveur y portera atteinte, une première contravention servira d'exemple à une seconde, & bientôt l'abus deviendra loi.

Tous ces examens, aujourd'hui si pitoyables, ils étoient rigoureux, autrefois ; les Lettres de Grades étoient vraiment des témoignages respectables de la capacité de ceux à qui elles étoient accordées, & la réception d'un Magistrat étoit un sûr garant de ses vertus. Les Réglemens faits pour les examens & pour les informations de vie & de mœurs, subsistent toujours : la loi, la conscience, prescrit impérieusement à tout Examinateur de ne donner son suffrage qu'à un Sujet qui en soit digne. Celui qui le prostitue au premier qui se présente, est un homme sans foi, un citoyen pervers, le fléau de sa patrie.

Qu'en ce moment ceux qui lisent cet Ouvrage s'arrêtent un instant. Qu'ils rentrent en eux-mêmes, qu'ils descendent au fond de leur ame, qu'ils interrogent leur conscience ; qu'ils lui demandent ce qu'ils ont fait quand ils ont été chargés d'examiner la vie..... les mœurs.,... la capacité d'un homme qui se présentoit pour défendre les intérêts des citoyens...

pour prononcer fur leur fortune.... leur vie.... leur honneur.....

La voilà qui leur répond, cette confcience......., qu'ils l'écoutent ; mais qu'ils l'écoutent en filence, avec un recueillement refpectueux.....

Maintenant fortez de vous-mêmes, Aggrégés & Profeffeurs en Droit, & vous fur-tout, principaux Magiftrats, qui vous repofez avec fécurité fur votre prétendue vertu ; portez vos regards au-dehors, voyez ces familles éplorées, luttant fans ceffe contre la plus affreufe mifère ; voyez ces chaumières ruinées, ces vaftes maifons délabrées, ces antiques Palais que confume le feu fubtil & dévorant de la chicane ; voyez ce vieillard vénérable, *Prêtre IN A-MOVIBLE de la Vertu*, réduit, après cinquante ans de travail & d'économie, à arrofer de fes fueurs & de fes larmes le champ qui fut jadis à lui.

Où eft l'artifan de tous ces maux ? Vous le favez, SI CE N'EST PAS VOUS MÊME, c'eft ce libertin ; c'eft cet ignorant, dont vous connoiffiez certainement la vie diffolue ou la honteufe ignorance. C'eft ce Miniftre inférieur de la juftice, admis par vous, & peut-être par vos ordres, & qui depuis, fous vos propres yeux, exerça des brigandages contre lefquels, mille fois peut-être, l'innocence opprimée, a vainement réclamé votre protection. C'eft ce rapporteur infidèle, objet de l'exécration publique, & en qui vous perfiftiez à mettre votre confiance, quoique la plus légère attention eût fuffi pour vous convaincre vous même que le public avoit raifon, & qu'en ce cas la voix du peuple étoit celle de Dieu même. Vous êtes jufte, équitable, humain, compatiffant ; mille pauvres familles reçoivent, avec reconnoiffance, les dons que votre main libérale leur prodigue. Toute une ville, toute une Province, le Royaume entier, l'Europe même, fi vous le voulez, eft remplie du récit de vos vertus & de vos actions généreufes. Eh ! qu'importe votre juftice, votre équité, votre humanité, votre fenfibilité, votre bienfaifance ? Qu'importent enfin que vous ayez prefque toutes les vertus, fi la plus effentielle vous manque ; c'eft-à-dire le courage, de remplir les devoirs, & les véritables devoirs de votre place ?

Q'importe que vous foulagiez cent familles, fi vous en laiffez ruiner mille & dix mille ? Qu'importe que vous regardiez tous vos Concitoyens comme vos frères, comme vos enfans, fi vous même armez les brigands qui les égorgent ? Qu'importe que le défir de faire le bien embrâfe fans-ceffe votre cœur, tourmente fans ceffe votre efprit, fi l'action qui fuit ce défir, ne s'étend, pour ainfi dire, point au delà de votre fphère perfonnelle ? Particulier vertueux, vous n'êtes qu'un mauvais Magiftrat. Defcendez, defcendez du rang augufte dont vous n'êtes pas digne, & venez au milieu de vos Concitoyens préfenter un modèle de vertu, qui alors pourra paroître accompli.

Magiftrats fenfibles, ô vous, à qui ne peuvent déplaire les difcours qui vous rappellent des devoirs dont vous fentez toute l'importance, des devoirs qui vous font fi chers, des devoirs dont vous craignez fans-ceffe de vous écarter ; vous qui paffe-riez le refte de vos jours dans la trifteffe & l'amertume, fi une injuftice vous étoit malheureufement échappée, & qui, pour la réparer, facrifieriez tous vos biens, ô dignes Magiftrats, vraies délices du genre humain, ineftimable préfent que le Ciel femble nous avoir fait dans fa faveur, mille fois vous avez gémi des abus qu'on déplore ici ; mille fois vous avez regretté l'ancienne difcipline, & fans-doute vous approuvez nos juftes plaintes. Eh bien, vous mêmes à l'inftant, fondez les profondeurs de votre ame. Que fubitement fe développe à votre efprit, le tableau de tout ce que vous avez fait depuis ce jour augufte, où admis à l'entrée du fanctuaire de la Juftice, vous avez, avant d'y pénétrer, promis à l'Être Suprême *d'obferver fidèlement les loix, de rendre la juftice aux pauvres comme aux riches, ainfi qu'un bon, fage & vertueux Magiftrat doit faire.*

Votre confcience ne vous reproche aucune injuftice, *& le Ciel n'eft pas plus pur que le fond de votre cœur...* Oui. Mais vous fouvient-il de ce jour où N.... fe préfenta pour être admis parmi vous?... Vous pâliffez... Une réputation équivoque, une affez complette ignorance, voilà quels étoient fes titres ; & cependant vous l'avez admis... Vous l'avez admis?... Eh ! c'eft vous même qui l'avez préfenté, c'eft vous qui avez vaincu la jufte répugnance de vos collègues. C'étoit, dites-vous, un jeune homme ; j'efpérois que l'âge le muriroit, qu'il prendroit du goût pour l'étude, & qu'un jour il feroit honneur au tribunal qui le recevoit. Soit, mais en ce cas, c'étoit à un bon inftituteur qu'il falloit le préfenter, & non pas à un Tribunal. Que celui qui ne fait rien s'inftruife dans le cabinet ou en affiftant aux Audiences, comme fimple Auditeur, mais qu'il ne vienne pas exercer fon impéritie fur la fortune, la vie & l'honneur des Citoyens, & que l'innocence ne foit pas expofée fans cesse à être opprimée par lui, en attendant qu’il soit en état de la protéger.

D’ailleurs, est-il bien vrai que vous espériez que ce jeune homme feroit un jour honneur au Tribunal ? Ah ! si ce tribunal l’eût connu comme vous le connoissiez vous même, toutes vos sollicitations eussent été inutiles, & il eût été rejetté. Mais les liens du sang ou de l’amitié qui vous unissoient à ses parens, ont enchaîné votre sévérité, leurs prières sans-doute, & les promesses du jeune homme ont achevé de vous séduire ; enfin trompé vous-même, vous avez trompé les autres.

Mais ces loix que vous aviez juré d’observer fidellement, est-ce qu’elles vous permettoient de recevoir parmi vous un homme que vous espériez *voir mener désormais une bonne conduite & se livrer sérieusement à l’étude* ? Ne vous prescrivoient-elles pas impérieusement, ces loix, de n’admettre que ceux dont la vie passée vous offroit, *dès l’instant même*, un gage certain, en quelque sorte, de ce qu’ils seroient dans la suite ; en un mot, ceux qui, au au moment même où ils se présentoient, étoient *déja* dignes à tous égards de siéger parmi vous ?

Ainsi, sur le fondement d’un espoir chimérique, vous avez violé & l’esprit & la lettre de la loi. Après avoir juré de rendre la justice aux pauvres comme aux riches, vous avez admis & fait admettre au nombre des Juges celui qui n’étoit en état de la rendre à personne, celui qui n’avoit rien qui pût le garantir de la pluie d’or que le riche voudroit répandre sur lui, celui que son inapplication & ses passions sembloient disposer à être vaincu par quiconque voudroit l’attaquer, celui par conséquent qui devoit rendre inutile votre ferment & tous les efforts que vous feriez pour l'obferver.

Vous avez été le trifte témoin d'une partie des maux qu'il a faits, & vous en avez fouvent gémi ; mais c'eft comme bon citoyen que vous en avez gémi, & c'étoit au contraire comme complice que vous deviez en gémir, & gémir pénétré d'un repentir auffi vif, auffi fincère qu'inutile ; car enfin, tous vos biens fuffiroient ils pour réparer les injuftices, les vexations de cet indigne Magiftrat qui, fans vous, confondu dans la foule, & retenu par la crainte des châtimens, n'eût été qu'un de ces citoyens paifibles que le monde aime & même eftime, parce qu'il n'a jamais eu occafion de les connoître *.

Voilà pourtant ce dont vous êtes coupables, ô vous, les meilleurs des Magiftrats, vous que l'on chérit & refpecte avec raifon. *Tel eft maintenant l'état des chofes, qu'il n'eft prefque plus d'emploi, ET SURTOUT D'OFFICE, qu'ôfe exercer le citoyen dont l'ame fenfible & délicate craint de fe fouiller par une injuftice, des exactions ou des complaifances criminelles.* Trifte réflexion, bien capable de porter dans tous les cœurs vertueux le découragement & le défefpoir, fi jufqu'ici l'on avoit pris inutilement

---

* On trouvera peut-être que ce qu'on vient de dire n'eft qu'une répétition de ce qu'on a dit plus haut ; mais ceci s'applique aux fimples Confeillers, qui croyent que rien de ce qui fe fait dans un Tribunal ne peut leur être imputé, parce que ce ne font pas eux qui le gouvernent, & que s'ils en étoient les chefs, ils fe conduiroient avec plus de févérité qu'on ne fait.

Au refte, quand ce ne feroit ici qu'une répétition, qu'importe ? Oui, ce que nous avons dit nous le répéterions vingt mille fois, fi nous pouvions efpérer qu'à la vingt millième fois il fe fixeroit dans l'efprit des Magiftrats, pour n'en plus fortir, & fe montrer fans ceffe à leur mémoire.

toutes les précautions poſſibles pour réprimer ou détruire les abus dont on vient de parler !

Mais ces abus ſi invétérés , & qui ſembloient tellement enracinés dans toute la Monarchie qu’il ne ſeroit plus poſſible de les en arracher ſans la renverſer elle-même , ſemblables maintenant à un chêne trop antique qui a bravé long-tems les orages les plus fougueux , un ſouffle pour ainſi dire ſuffit pour les détruire & les faire diſparoître.

On a vu , & tout le monde depuis long-tems ſans doute eſt convaincu que les examens de vie & de mœurs & de capacité , ainſi qu’ils ſe font aĉuellement , ſont inſuffiſans & même DÉRISOIRES. Ordonner qu’ils ſe feront déſormais ſérieuſement , ce ne ſeroit qu’offrir une loi de plus aux contraventions. Il faut donc des réglemens tels d’abord, qu’aucun citoyen de mœurs perverſes ne puiſſe être admis aux charges, ſans que la Nation elle-même en ſoit en quelque ſorte complice, & que chaque citoyen ait lieu de s’imputer à lui-même les maux qu’il en reſſentira ; & enſuite que parmi des citoyens vertueux il n’y ait jamais que les Sujets les plus capables qui obtiennent les Offices ou Emplois, quelle que puiſſe être d’ailleurs la partialité, la condeſcendance ou l’injuſtice des Examinateurs.

Si les projets de Réglement qu’on propoſe à cet égard n’offrent point ces avantages précieux, tout leĉteur équitable conviendra du moins que l’Auteur a eu un vif deſir de les procurer.

Bien des perſonnes ſans doute mépriſeront les précautions qu’on indique pour n’admettre que des citoyens de mœurs irréprochables. Les Magiſtrats ſont hommes, m’a-t-on déja dit, & me dira-t-on peut-être encore.

À cette objection révoltante je réponds : Oui les Magiſtrats ſont hommes, mais eſt-il beſoin que les hommes les plus corrompus ſoient Magiſtrats, & rempliſſent même aucun Office de Judicature ? Eh quoi ! parmi vingt millions de citoyens ne s'en trouvera-t-il donc pas toujours aſſez qui ſoient dignes d'entrer dans le Temple & dans le ſanctuaire de la Juſtice ? Que l'on épargne ſi l'on veut la foibleſſe qui ſe cache & s'enveloppe d'un voile épais, mais la licence effrénée qui ſe montre à découvert, qui brave tous les regards, qui inſulte au bon ordre & à la décence, ah ! du moins, qu'on ſéviſſe impitoyablement contre elle, & que jamais l'opprobre des familles ne prétende faire la gloire des Tribunaux.

Oui, ſi l'on permet aux Magiſtrats de n'avoir point de mœurs, toute réforme eſt inutile. Qu'elle ſe diſperſe, cette Aſſemblée auguſte, qui ſe propoſe de créer un Empire durable. Que feroit-elle ? Sur un ſable mouvant elle conſtruiroit un édifice qui s'écrouleroit avant même d'être achevé.

Les mœurs ſont la bâſe des Empires, le bonheur des familles, le germe & l'aliment de la félicité publique. Elles ſont la ſauve-garde de la liberté ; c'eſt proſtituer le nom de *libre* que de le prodiguer à des hommes aſſervis à leurs paſſions, à de vils eſclaves inférieurs à la bête qui n'obéit du moins qu'à ſon inſtinct. Tout eſclave d'ailleurs eſt deſpote : l'Aſie nous en offre la preuve ; opprimé, il faut qu'il opprime, & il ſemble que la ſervitude des autres le dédommage de la ſienne. Ainſi, François, choiſiſſez entre les mœurs ou l'eſclavage ; il n'y a pas de milieu. Ou n'obéiſſez qu'aux loix, ou courbez vos têtes ſous toutes les chaînes dont on voudra vous accabler. Si vous croyez qu'il est de la dignité de l'homme de n'obéir qu'aux loix, & de n'avoir pour Magiftrats que les plus vertueux de fes femblables, ne négligez aucune des précautions propres à conftater la pureté de leurs mœurs; mais fouvenez-vous bien que le fouffle empefté d'un feul lépreux peut répandre la contagion par-tout.

Quant à la capacité, il eft auffi important de la bien conftater que la pureté des mœurs. Une bleffure involontaire n'eft pas moins douloureufe que fi elle eût été faite à deffein.

Aftreindre les Candidats fimplement à des examens publics, ce ne feroit rien faire. Les thèfes fe foutiennent publiquement, & cependant d'une manière fort pitoyable, qui n'empêche pas que l'on ne foit reçu.

Choifir les divers Officiers fimplement par la voie de l'élection, ce feroit ouvrir la porte aux cabales & aux intrigues, & le vrai mérite, prefque toujours inconnu, languiroit dans l'oubli.

La voie du concours paroît la plus fûre pour conftater le mérite; cependant elle ne fuffit pas. On fait que ce n'eft pas toujours le plus digne qui triomphe au concours. Quel parti prendre donc pour rendre abfolument inutiles & l'intrigue & la faveur? Le voici peut-être.

Des Candidats qui ont une jufte efpérance d'obtenir une place, ne font jamais difpofés à favorifer à leur préjudice un de leurs concurrens. Ainfi que les Places & Offices foient propofés au concours; mais que pour chaque Place ou Office les Examinateurs indiquent les trois Sujets qui leur paroîtront les plus dignes, & qu'enfuite les trois Sujets choififfent l'un d'entre eux. Dans le cas où ils fe choi-

firoient tous, c'eft-à-dire, où chacun n'auroit en fa
faveur qu'un feul fuffrage, alors quel inconvénient
y auroit-il que le fort décidât entre eux ? Ce fort ne
tomberoit toujours que fur un fujet digne, & les
autres ne pourroient fe plaindre d'une injufte préférence.

Les Examinateurs, comme on voit, n'auroient
aucun intérêt à favorifer perfonne, puifque rien
n'affureroit la Place à celui qu'ils auroient voulu
favorifer ; quelque corrompu qu'on foit, il eft rare
qu'on fe porte à commettre une injuftice qui, felon
toute apparence, doit être inutile. La partialité des
Examinateurs pourroit donc tourner à leur honte,
car certainement on ne croira jamais qu'ils fe permettent de choifir trois Sujets incapables ou moins
capables que tous les autres, fur-tout fi ces épreuves
fe font publiquement.

On objectera peut-être que fi les épreuves fe font
publiquement, des Sujets trop timides pour pouvoir
développer leur fcience ou leur talent, fe trouveront exclus des Places dont ils font véritablement
dignes.

Perfonne, peut être, plus que l'Auteur, ne feroit
fondé à plaider la caufe de la timidité ; néanmoins
comme tout intérêt perfonnel doit difparoître devant l'intérêt général, il ne craint point de foutenir
qu'il eft effentiel que toutes les épreuves fe faffent
fous l'infpection du Public, Juge que la partialité
n'ôfe pas toujours braver.

Les Examinateurs, & la plupart même des Spectateurs, feront fans doute des citoyens inftruits. Ils
fauront diftinguer la timidité de l'ignorance. D'ailleurs en affujettiffant les Candidats à plufieurs épreuves de diverfes efpèces, il fera fans doute bien difficile

cile que le vrai mérite ne se fasse pas reconnoître. Au reste, à force d'être vaincu, l'on apprendra peut-être à vaincre. Tel qui, comme Horace, dans un premier combat a pris la fuite, après avoir jetté honteusement ses armes derrière lui, a fini par périr glorieusement dans un autre combat, au milieu d'un monceau d'ennemis qu'il avoit immolés. Le plus grand mal qui puisse résulter des tristes effets d'une invincible timidité, c'est qu'au lieu d'une grande Place, on n'en occupe qu'une petite; alors il n'y aura que le particulier qui perdra, & la Patrie sera toujours bien servie. D'ailleurs le citoyen, victime de sa timidité, sera bientôt dédommagé. Son mérite ne tardera point à percer & se répandre au-delà de la Place trop étroite qu'il occupera, chéri, estimé de ses concitoyens, & récompensé par eux lorsque l'occasion s'en présentera, s'il a de l'ambition, elle se trouvera peut-être mieux satisfaite que s'il eut obtenu d'abord la Place éminente qu'il desiroit. (Car la Patrie aura désormais mille moyens de récompenser ceux de ses enfans qui le mériteront).

Quels avantages ne produira pas l'établissement du concours ! Quelle fermentation, quelle ardeur agitera, embrâsera tous les esprits, quand la Patrie, par la voix du Héraut, sommera formellement dans toutes les Provinces ceux de ses enfans qui, par la décence de leur vie, par la pureté de leurs mœurs & une longue & constante application à l'étude, se sont rendus dignes de servir leur mère commune, de se rendre aux concours où leur mérite doit être pesé & récompensé ! — Alors sortiront de leurs retraites ces citoyens obscurs, jusqu'alors inutiles victimes du travail, que l'on ne regardoit qu'avec

D

mépris ou pitié. Alors étonneront par la netteté &
la clarté des idées, par la profondeur & la justesse
du jugement, par la sagesse & la vigueur du raison-
nement, par les graces du style, par le feu de l'éloquence, tels, à qui jusqu'alors à peine avoit-on supposé du bon sens.

Alors on ne dira plus : « La nature épuisée ne
» produit plus que des avortons ; le génie est éteint;
» le monde touche à sa fin ». Tout renaîtra ; chaque Province deviendra une nouvelle Grèce, chaque Bailliage sera un Aréopage dont les Jugemens
sembleront dictés par la Divinité même. Chaque
Ville, par la réunion des talens qui s'y développe-
ront, semblera être devenue la Capitale d'un grand
Empire. Les Étrangers, qui venoient se corrompre
parmi nous, viendront s'y former, & peut-être
verra-t-on ces fiers Insulaires, rivaux de Rome & de
Carthage, venir chercher des loix au sein de la
France *.

Et qu'on ne croye pas que tout se trouvera livré
aux gens de génie ou d'esprit, qui ne font souvent
que le fléau de leur Patrie. Si l'on suit notre plan,
il sera impossible de parvenir à aucun Office si l'on
n'est verteux. La France entière saura quels font
ceux qui se présentent pour la servir, & elle
pourra rejetter ceux qui font indignes de cet honneur ; & fans doute elle le fera. Car enfin quel
fera le Citoyen assez insouciant pour laisser admettre au concours où se présentera son frère, son

---

* Ce n'est point une prédiction faite après l'évènement. C'est au
mois de Mai qu'elle a été faite, & au mois de Mai bien des gens
nioient la possibilité de ce qui est arrivé.

ami, lui-même peut-être, pour laiffer, dis-je, admettre au concours un homme indigne d'y être reçu, & capable en même-tems de leur nuire dès l'inftant même en obtenant une place honorable à laquelle ils ont droit de prétendre.

Voilà donc une inquifition & une inquifition terrible que vous établiffez; & à ce mot d'inqui- fition, voilà tous les efprits qui s'effarouchent & fe foulèvent. Mais commençons par nous entendre.

D'abord n'eft-il pas vrai qu'il n'y a point, & qu'il n'y aura fans doute jamais de loi qui enjoigne à aucun Citoyen, fous une peine quelconque, d'être Magiftrat, Avocat ou même Huiffier.

Enfuite propofé-je d'examiner, lors même que vous ne voudrez exercer aucun office de judicature (ou autre emploi diftingué & libre) propofé-je d'examiner fi vous êtes bon fils, bon mari, bon père; fi vous diffipez votre bien, la fubfiftance de votre femme, de vos enfans; fi vous vous épuifez par par vos débauches de toute efpèce, fi vous vous jouez de vos fermens, de vos engagemens même écrits; fi les Tribunaux retentiffent fans ceffe des plaintes de vos créanciers ; fi votre bouche exhale partout l'impureté dont votre cœur eft in- fecté ; fi tous les pères & mères vous interdifent l'entrée de leurs maifons ; fi tous les honnêtes gens vous fuient ? Non fans doute. Tout ce que je de- mande, c'eft que lorfque vous vous préfenterez pour obtenir une place éminente, comme un homme vertueux & digne de la remplir, on vérifie fi vous êtes véritablement tel. Si vous craignez les recherches, l'inquifition, puifque inquifition il y a , eh bien, ne venez pas vous offrir à elle, reftez chez vous, & foyez bien fûr qu'elle n'ira pas vous chercher.

Mais, dira-t-on, vous expofez les Citoyens les plus vertueux à être victimes des plus affreufes calomnies.

D'abord ces gens qu'on a entendus tant de fois crier à la calomnie, étoient-ce toujours de très-faints perfonnages & leurs plus zélés défenfeurs les eftimoient-ils toujours beaucoup intérieurement ?

Au refte, j'en conviens & je le foutiens même, l'homme le plus vertueux peut être en bute aux plus atroces calomnies. Suppofons donc un homme vertueux & injuftement perfécuté.

Tout ce qui fera propofé contre lui, *on le lui fera connoître & il y répondra* : il employera tous les moyens propres à le juftifier. Des Citoyens refpectables dépoferont en fa faveur : il aura peut-être pour défenfeurs tout fon quartier, toute fa Ville & même toute fa Province. D'ailleurs ce n'eft point ici un procès criminel où il faille néceffairement condamner ou abfoudre. Il ne s'agit que de récompenfer, & les récompenfes ne font dues qu'au mérite & au mérite bien conftaté. Ainfi celui dont le mérite ne fera pas fuffifamment reconnu, exclus pour cette fois du concours pourra s'y repréfenter l'année fuivante, fi pendant l'intervalle qui fe fera écoulé de l'un à l'autre concours il n'a rien fait qui puiffe lui être reproché. De plus on propofe de n'examiner rigoureufement la conduite que relativement aux cinq dernieres années. Ainfi un Citoyen ne fera jamais expofé qu'à fouffrir un léger préjudice & la Patrie fera toujours préfervée du danger de confier les emplois à des sujets qui en soient indignes.

Peut-être prétendra-t-on que si on est fort sévère sur l'article des mœurs, on risque de voir long-tems les Tribunaux déserts ou peuplés de sujets médiocres. Cette crainte est déplacée : on ose à cet égard invoquer le témoignage de la plupart des Lecteurs. Qui d'eux n'a pas dit plus d'une fois : » Un tel est un » sujet vraiment estimable ; c'est un homme sage » & rangé & qui ne manque pas de talent ; mais » pour parvenir, ce n'est pas de la vertu, ce n'est » pas du talent qu'il faut, c'est de l'or, & il n'en a » pas. Avec toutes les dispositions qu'il a reçues de » la Nature & toute son application au travail, il » ne sera jamais rien. Mieux vaudroit pour lui brûler » ou vendre tous ses livres, prendre une bêche & » s'en aller cultiver le jardin de tel Magistrat, que » les rapines de ses ayeux ont dispensé d'avoir du » mérite «.

Oui, sauf le respect dû à la Magistrature, on ne craint pas de le dire, quand on mettroit au concours, en même tems, tous les Offices des 21 Cours Souveraines & des 210 Bailliages qu'on propose d'établir, on ne manqueroit pas d'aspirans &, d'aspirans honnêtes. L'on verroit sortir pour ainsi dire du sein de la terre des légions d'hommes tout armés qui pourroient bien tailler en pièces une grande partie des vieilles troupes.

Qu'on songe à ce nombre infini d'Avocats que l'on croit n'être en état de rien faire, parce qu'on ne leur voit rien faire, à cette foule de malheureux esclaves de la Chicane qu'elle tient à la chaîne dans ses antres obscurs, qu'on songe à tant de jeunes gens sans ressource qui embrassent avec répugnance un état difficile & redoutable & qui finissent souvent par être de mauvais prêtres , tandis qu'il euffent été d'excellens Citoyens , qu'on fonge à tant d'hommes laborieux que la mifère force à folliciter des emplois auffi pénibles que peu lucratifs & qui ne parviennent à les obtenir qu'après qu'on a pris fur leurs mœurs & leur capacité des renfeignemens un peu plus détaillés & plus certains que ceux qu'actuellement la Juftice fe contente de prendre fur les heureux mortels qu'elle admet dans fon fanctuaire. Eh bien ! elles paroîtront aux concours ces triftes victimes que l'ignorance orgueilleufe écrafe avec fon fceptre de fer , & réduites prefque à vaincre ou périr , elles feront des prodiges de valeur qui étonneront leurs adverfaires & les Juges du combat.

Mais , dira-t-on dédaigneufement , fi l'on admet tous ces gens là aux charges , que d'indignités ne verra-t-on pas éclore ? La mifère force à faire des baffeffes , *ad turpia cogit egeftas*. Êtes-vous donc dans la plus affreufe mifère vous autres qui parlez ainfi , vous qu'on voit dévorer avec tant d'avidité la fubftance des plaideurs & commettre tant d'odieufes vexations ? Non , vous n'êtes point réduits à la plus affreufe mifère ; il s'en faut bien , mais votre cupidité s'accroît avec vos richeffes ; plus votre fortune s'augmente , plus votre âme s'avilit & fe dégrade , & à en juger d'après vous , l'on peut dire que *c'eft l'opulence qui fait faire des baffeffes*.

Au refte , fi c'eft la mifère qui fait faire des baffeffes , qu'on préferve de la mifère les Magiftrats. Qu'une place de Juge , ainfi que celle de Pafteur , devienne une place honorable qui puiffe procurer une exiftence décente à celui qui la poffèdera , n'eut-il aucun patrimoine.

Dans quelles énormes dépenfes vous allez nous

jetter, s'écriera-t-on. Point du tout. Ce que je propose de payer directement, se paye indirectement, & toute dépense indirecte est toujours bien plus onéreuse qu'une dépense directe. Tel Rapporteur gagne 30 mille livres, tandis qu'il ne reste pas à un autre Juge 300 liv. après qu'il a payé sa capitation.

D'ailleurs ne vaut-il pas mieux payer un bon Médecin qui vous guérisse, que d'en avoir un qui vous tue gratuitement? N'entretient-on pas des Troupes nombreuses pour repousser *les ennemis du dehors*? Faut-il se laisser égorger par ceux du dedans?

Enfin, que cette dépense soit nouvelle ou existe déjà, il est certain qu'elle est nécessaire & que d'ailleurs elle peut se faire avec beaucoup de modération. Un Conseiller de Bailliage peut vivre honnêtement avec douze ou quinze cens livres (1). Quant aux places des Conseillers des Cours, vu l'éminence & le petit nombre de ces offices, il est très-possible de trouver pour les remplir un très - grand nombre de Citoyens qui à la pureté des mœurs & à la science, réunissent une fortune honnête & même considérable, & l'on pourroit se contenter d'attribuer à ces officiers les mêmes appointemens qu'à ceux des Bailliages.

Si l'on prétendoit que 12 ou 1500 ne pourroient suffire pour vivre honnêtement dans une Ville de Province ; nous répondrions qu'il ne faut pas considérer l'état actuel des choses. Maintenant la plupart

---

(1) Ce ne sera pas l'opinion de quelques Procureurs, qui prétendent qu'on ne peut pas vivre *décemment* avec moins de quinze mille livres de rente. N'est-ce pas plutôt une indécence qu'un Procureur, qui n'avoit rien autrefois, se retire avec quinze mille liv. de rente.

des places font occupées par des gens qui, ignorant la véritable gloire de leur état, ne cherchent qu'à fe diftinguer par leur fafte. Au contraire les nouveaux Officiers habitués pour la plupart à l'économie & à la fimplicité, honorables d'ailleurs & honorés même par cela feul qu'ils ne devront leur place qu'à leur mérite, ne fongeront qu'à fe conferver l'eftime publique en rempliffant fidellement leurs devoirs & les Tribunaux nous retracerent ces mœurs antiques dont parlent nos hiftoires.

Au refte, quelle que foit cette dépenfe elle eft néceffaire, fi l'on veut avoir de bons Juges. On pourroit trouver quelques Citoyens aifés, de mœurs irréprochables & d'une capacité fuffifante qui vou-luffent bien fe charger gratuitement du foin de rendre la Juftice. Mais jamais il ne s'en préfentera affez pour remplir les Bailliages ni même les Cours. D'ail-leurs qu'on fe tienne en garde contre ceux qui feroient de pareils offres. Il n'eft rien de fi chèr que les fervices gratuits. Tout état qui ne confervera que les emplois néceffaires, s'obérera difficilement, quoiqu'il récompenfe dignement ceux qui les exercent.

Les obfervations que nous venons de préfenter s'appliquent principalement au choix des Officiers; il nous refte encore à faire quelques réflexions géné-rales fur leurs devoirs.

Cé n'eft pas affez d'apporter l'attention la plus fcrupuleufe au choix des divers Officiers de juftice. Tel fembloit devoir faire par fes vertus & fes talens la gloire d'un Tribunal, qui, bientôt par fon indolence & fes défordres en eft devenu l'opprobre, La vertu la plus pure eft une fleur délicate qu'un foufle léger peut flétrir; ou plutôt c'eft un métal

précieux & dont l'éclat vif & brillant se ternit bientôt
si l'on ne veille sans cesse à l'entretenir. Après avoir
procuré à la Justice de dignes Ministres, il faut donc
prendre des précautions sûres pour les lui conserver
tels. Et c'est ce qui est bien difficile. Néanmoins,
nous oserons proposer à cet égard un projet de reglement qu'on trouvera peut-être rigoureux, mais qui
obtiendra sans doute l'approbation de ceux qui
aiment sincerement la vertu. Nous n'entrerons point
ici dans le détail des diverses dispositions de ce
réglement. Ceux à qui il plaira n'ont besoin d'au-
cunes observations de notre part ; quant à ceux à qui
il déplaira, tout ce que nous pourrions dire ne sauroit les déterminer à l'agréer. Il est des vérités dont
la preuve est dans la volonté de ceux à qui on les
propose.

Ce n'est pas assez d'établir une discipline sévère :
Il faut la faire observer. A qui sera confié le maintien de cette discipline ? Sera-ce un Chef de chaque
Tribunal ? Mais ce chef sera un homme ; un être
par conséquent sujet à se corrompre, & qui lui même
a besoin d'être surveillé. D'ailleurs ce chef du
Tribunal ne cherchera t-il pas aussi bien que les
autres membres à secouer un joug qui lui est commun avec eux ?

Le meilleur moyen de maintenir la discipline
dans toute sa vigueur, ne seroit-ce pas de confier ce soin à ceux mêmes qui, sans en supporter
le joug, en retirent tout l'avantage, & sont par
conséquent interessés à la faire rigoureusement
observer ? Les Tribunaux de Justice étant établis
pour le bonheur des Citoyens, & les appointemens des Officiers de ces Tribunaux étant payés
par les Citoyens, quel inconvénient y auroit-il

que ce fuſſent les Citoyens qui veillaſſent au maintien de la diſcipline, & qu'en conſéquence les Tribunaux Municipaux formés des repreſentans des Citoyens puſſent exercer une certaine juriſ-diction relativement à la diſcipline judiciaire ? cette propoſition révoltera peut-être quelques perſonnes un peu trop accoutumés à ce qui s'eſt fait juſqu'à ce jour ; mais les Magiſtrats qui n'oubliront pas & qui ſe feront gloire d'être Citoyens, ne trouveront probablement rien de révoltant dans ce qu'on propoſera ſur ce ſujet.

On va maintenant préſenter les deux Chapîtres qu'on avoit annoncés.

CHAPITRE SECOND.

Du choix des divers Officiers de Juſtices.

COMME ce Chapître eſt fort étendu, on l'a diſtribué en diverſes ſections & quelquefois chaque ſection en divers paragraphes. On ſe rappelle que c'eſt par la voie du concours & en même tems de l'élection qu'on a propoſé de donner les divers offices & places de judicature. Il ſemble intéreſ-ſant que ce concours s'ouvre avec une certaine dignité qui en annonce l'importance. Ce Chapi-tre contient ce qu'on propoſe en général d'obſer-ver pour le choix des Officiers ; mais on préſentera dans un autre Chapître quelques modifications pour l'année, où ſe fera la réforme, & les anciens Officiers n'auront point à ſe plaindre du réformateur. (*En idée.*)

Article Préliminaire.

Que tous les offices ou places de Magiſtrats, d'Avocats & d'Huiſſiers, tant dans les Cours que dans les Bailliages, ſe donnent au concours, à l'exception néanmoins des Offices de premiers Préſidens & Procureurs généraux qui ſeront à la nomination pure & ſimple de Sa Majeſté.

On pourroit faire la même exception pour les Offices de Préſidens ou Lieutenans Généraux des Bailliages & de Procureurs du Roi.

Quelques Avocats, ſous prétexte que *leur état eſt libre*, s'oppoſeront à ce qu'il ſoit établi un certain nombre d'offices ou places d'Avocats & ſurtout à ce que ces offices ou places ſoient donnés au concours. On répond à ces Avocats que pour qu'un état ſoit libre, il n'eſt pas néceſſaire que quelques Députés puiſſent, *à leur gré*, en exclure qui bon leur ſemble, mais qu'il ſuffi que tout citoyen vertueux & qui aura le talent néceſſaire, puiſſe y parvenir & c'eſt ce qui arrivera ſi notre plan eſt admis. Lorſqu'on s'éleve avec vigueur contre le Deſpotiſme & l'Ariſtocratie, doit-on écouter les clameurs de la deſpotique Ariſtocratie à laquelle *l'Ordre eſclave* des Avocats de Paris, a jugé à propos de reſter juſqu'a ce jour ſi ſervilement aſſujéti.

Que les Anciens Avocats, ſi accoutumés à tyranniſer les jeunes, ne craignent point que ceux ci ne trouvent dans le concours une voie aſſurée pour ſe venger. Notre plan préſervera ces Anciens de la honte d'être vaincus par ceux que juſqu'ici ils ont tyrannifés. On trouvera ſans ceſſe dans ce plan des preuves de notre reſpect profond pour L'ANCIEN-NETE

SECTION PREMIERE.

De la publication des concours & de l'admiſſion des Candidats.

ARTICLE PREMIER.

QU'AUPRÈS de chaque Cour Souveraine s'ouvrent à diverſes époques (où à la même) deux ſortes de concours, les uns pour les Offices vacans, dans la Cours Souveraine même, les autres pour les Offices vacans dans les Bailliages relevant de cette Cour.

Si les concours pour les offices des Bailliages ſe feſoient dans les Bailliages mêmes, il y auroit moins de concurrens & moins d'émulation ; les Juges & le public ſeroient plus portés à favoriſer les citoyens du reſſort du Bailliage que les étrangers & les place ceſſeroient d'être données au mérite le plus éminent.

ART. II.

Que tous les ans dans toute l'étendue du Royaume, & le même jour, à l'audience des Cours & autres juriſdictions Royales ſoient lues & publiées des lettres du Roi, indiquant l'ouverture générale des Concours & contenant invitation à tous Citoyens de mœurs irréprochables & de capacité ſuffiſante de s'y rendre pour être pourvus, s'ils en ſont trouvés dignes des Offices ou places actuellement vacans

ou qui vacqueront avant l'ouverture (*) des Concours, qu'aux dites lettres soit annexée la liste générale de tous les Offices ou places de Magistrats,
d'Avocats & d'Huissiers qui seront vacans dans toute
les jurisdictions Royales, & que lecture de ladite
liste soit également faite par le Greffier ou Conseiller-Secrétaire.

A r t. I I I.

Que le même jour les Officiers des Bailliagès,
précédés d'un Héraut, se transportent à cheval à
l'Hôtel ou maison de Ville & y fassent publier à l'audience de la municipalité les lettres du Roi & la
liste générale des Offices ou places vacans.

Que ce héraut soit accompagné d'une Musique guerriere
propre à réveillier les citoyens les plus assoupis , à échauffer
& embraser les plus froids & les plus glacés. Les sens sont
les portes du cœur.

A r t. I V.

Qu'après cette publication les officiers du Bailliage, accompagnés de ceux de la municipalité, tous
à cheval & escortés d'un détachement de la Garde
Nationale, se transportent dans toutes les places
de la Ville ; que le Héraut y publie les lettres du
Roi & la liste générale des Offices & places vacans
& qu'ensuite au nom du Roi & de la Patrie il invite
& somme tous les Citoyens de mœurs irréprochables

---

(1) Ou même avant la clôture.

& de capacité suffisante, de se rendre aux Concours
pour être pourvus des Offices ou places dont ils
feront trouvés dignes.

La cérémonie seroit terminée en rentrant dans la salle
d'Audience du Bailliage jusqu'où les Officiers Municipaux
accompagneroient ceux du Bailliage. Il est bien difficile de
croire qu'une pareille cérémonie ne produiroit aucun effet.

L'établissement d'une Garde Bourgeoise est l'unique moyen
d'assurer la liberté, & dès le 21 Avril 1789 l'Auteur l'avoit
demandé.

A R T. V.

Que la lecture & publication desdites lettres &
de la liste générale des Offices ou places vacans soit
faite au prône des messes paroissiales de toutes les
Eglises du Royaume, & que copie desdites lettres
& de ladite liste soit insérée dans les papiers publics
& affichée dans les principales places de toutes les
Villes du Royaume.

A R T. V I.

Que dans un mois, à compter du jour de la publication, ceux qui désireront être admis aux Concours, inscrivent ou fassent inscrire leurs noms, surnoms, âges & demeures pendant les cinq dernieres
années au greffe (ou secrétariat) de la Cour près de
laquelle seront établis les Concours auxquels ils se
destineront, avec indication des places ou Offices
pour lesquels ils se présentent.

Cette inscription doit pouvoir se faire même par une lettre
qu'on affranchira & qu'on adressera au Greffier ou Secré-

taire de la Cour. Il doit être permis de se présenter pour toutes les places proposées aux divers concours établis près dela même Cour.

ART. VII.

Avant de pouvoir faire cette inscription, que les Candidats soient tenus de justifier au Secrétaire où Greffier de la Cour de ce qui suit ; sçavoir,

Pour les Offices d'Huissier, dans les Bailliagess, qu'ils ont vingt-un ans accomplis.

Pour ceux des Cours, qu'ils ont vingt-cinq ans accomplis & qu'ils ont exercé les fonctions d'Huissier dans un Bailliage au moins pendant deux ans ;

Pour les Offices ou places d'Avocat dans un Bailliage, qu'ils ont vingt-un ans accomplis & qu'il ont reçu les grades de Bachelier où Licentié en droit (*)

Pour les Officiers, ou places d'Avocat en une Cour Souveraine, qu'ils ont vingt-cinq ans accomplis & qu'ils ont exercé les fonctions d'Avocat dans un Bailliage au moins pendant deux ans ;

Pour les Offices de Conseiller dans un Bailliage, qu'ils ont vingt-cinq ans accomplis & ont exercé la profession d'Avocat pendant trois ans dans un Bailliage ou pendant un an dans une Cour Souveraine.

Pour les Offices d'Avocat du Roi, qu'ils ont vingt-sept ans accomplis, & ont exercé les fonctions de Juge pendant deux ans ; ou la profession d'Avocat pendant trois ans dans une Cour ou pendant cinq dans un Bailliage ;

(*) A moins qu'on ne supprime les grades comme inutiles, surtout si les places ne se donnent plus qu'au concours.

(64)

Pour les Offices de Préſident ou Lieutenant genéral de Bailliage , (ſi on les donne au Concours) & ceux de Conſeillers dans les Cours , qu'ils ont trente ans accomplis , & ont exercé les fonctions de Juge pendant cinq ans , ou celles d'Avocat du Roi pendant trois ans , ou la profeſſion d'Avocat pendant ſix ans dans une Cour , ou pendant huit ans dans un Bailliage.

Pour les Offices d'Avocats Généraux qu'ils ſont âgés de vingt-trois ans accomplis & qu'ils ont exercé les fonctions de Juges pendant deux ans dans une Cour Souveraine ou pendant ſept dans un Bailliage ou celle d'Avocat du Roi pendant cinq , ou enfin la profeſſion d'Avocat pendant huit ans dans une Cour Souveraine.

Pour les Offices de Préſidens dans les Cours (autres que ceux de Premiers Préſidens) qu'ils ont trente-cinq ans accomplis & ont exercé pendant trois ans les fonctions d'Avocat général , ou pendant cinq celles de Conſeiller dans une Cour Souveraine ou de Préſident ou Lieutenant général d'un Bailliage, ou pendant dix ans , les fonctions de Conſeiller dans un Bailliage, ou la profeſſion d'Avocat pendant douze ans dans une Cour Souveraine.

On trouvera peut-être un article inutile , ſi l'on établit les Concours ; mais qu'on ſonge que cet article ſert à aſſurer davantage la capacité des Aſpirans , à prévenir l'effet des condeſcendances répréhenſible que les examinateurs pourroient avoir pour quelques-uns des Candidats , trop de précautions ne ſauroient nuire.

On trouvera peut-être mauvais , par exemple , que nous ne propoſions pas de n'amettre que des Conſeilliers aux concours qui ſeront établis pour les Offices de Préſidens. En admettant à ces concours de ſimples Avocats , nous croyons avoir trouvé un moyen infaillible d'exciter l'émulation des Conſeillers qui,

(65)

qui, au lieu de se négliger & de s'en sormir, pour ainsi dire,
sur les fleurs de lys , feront tous leurs efforts pour n'être
point surpassés par les Avocats.

A R T. V I I I.

Que ceux qui auront exercé les fonctions de Subs-
tituts du Procureur Général de Sa Majesté dans une
Cour Souveraine , soient assimilés aux Avocats du
Roi des Bailliages & que les Substituts des Procu-
reurs du Roi, soient assimilés à des Avocats de Cour
Souveraine.

A R T. I X.

Que ceux qui auront exercé la profession de Procureur dans une Cour Souveraine soient assimilés
aux Avocats des Cours Souveraines , & les Procureurs des Bailliages aux Avocats de ces Tribunaux.

En conséquence de simples Procureurs pourront donc être
admis aux concours, même pour les Offices de Présidens des
Cours Souveraines ? & pourquoi pas , si ces Procureurs ont les
vertus & les talens nécessaires ? Dans un plan où l'on propose de
n'accorder tout qu'au mérite , peut-on faire aucune distinction
entre les Citoyens ? que l'on soit bien persuadé que l'ignorance
& la friponerie ne sont pas plus de l'essence du Procureur
que la morgue & la suffisance ne sont de l'essence du Magistrat & de l'Avocat. Et enfin que l'on songe que l'on ne pourra
obtenir aucun Office ou place , sans avoir subi les épreuves les
plus rigoureuses & vaincu une foule de concurrens. Ceux
qui voudront empêcher les Procureurs ou les Avocats de
parvenir aux premiers Grades judiciaires, n'ont qu'à les vaincre.
Gentilhommes, surpassez-nous toujours en mérite & nous
vous verrons toujours avec plaisir à notre tête.

E

A r t. X.

Que les Secrétaires des Premiers Préfidens , &
des Procureurs & Avocats Généraux foient affimilés
aux Citoyens qui jufqu'ici ont exercé les fonctions
d'Avocats oude Procureurs dans les Cours.

Quel inconvénient y auroit-il qu'un Citoyen honnête qui
peut - être pendant dix ans a fait dans l'obfcurité tout le
travail d'un Avocat-Général en exerçât lui - même publiquement les fonctions ? Faudra-t-il toujours que ceux qui ne
travaillent ni ne fement, recueillent & moiffonnent ? Qu'on
fonge fans ceffe aux rigoureufes épreuves aurquelles, felon
notre plan, tout Afpirant fera foumis.

A r t. X I.

Le délai d'un mois, fixé par l'article 6 de la préfente feɛtion, étant expiré, qu'il foit fait par le
Greffier où Confeiller Secrétaire de chaque Cour
Souveraine une lifte de ceux qui fe feront fait infcrire au nombre des Candidats , contenant leurs
noms, âge & demeures pendant les cinq dernieres
années; que ces diverfes liftes foient imprimées &
inférées dans les papiers publics; que la lecture &
publication s'en faffe au prône des meffes Paroiffiales de *toutes* les églifes du Royaume, & à l'audience de *toutes* les Jurifdictions, avec prière,
invitation & même injonction à tout Citoyen de
révéler les empêchemens qu'il connoîtra à l'admiffion de quelqu'un des Candidats, notamment pour
faits arrivés *pendant les cinq dernieres années*, ou
délit grave commis antérieurement; qu'en outre

copie defdites liftes foit mife fous grille ou verre,
dans des tableaux qui demeurent placés pendant un
mois dans un des endroits les plus vifibles de toutes
les églifes Paroiffiales & des auditoires de toutes les
Jurifdictions du Royaume.

Il peut fe faire qu'un Citoyen ait commis un délit, même
fort grave , dans quelque endroit fort éloigné de fon domicile , & dont peut-être ne fe doute aucun de ceux qui le
connoiffent. Il eft donc intéreffant qu'il n'y ait pas, pour
ainfi dire, un feul individu qui ne fache quels font ceux
qui afpirent aux charges & qui ne puiffe prévenir la fur-
prife que quelqu'un d'eux voudroit faire à la Patrie. Trop
de précaution ne fauroit nuire & la plus légere négligence
peut avoir des fuites funeftes.

Art. XII.

Qu'un mois après ces publications , les curés &
Secrétaires qui les auront faites foient tenus d'en
envoyer des certificats aux Procureurs ou Premiers
Avocats Généraux des Cours , (de juftice) & que
chaque certificat contienne mention des oppofitions
furvenues.

Art. XIII.

Que nulle oppofition à l'admiffion des Candidats
ne foit motivée , mais qu'elle ne puiffe être reçue
par les Curés ou Confeillers-Secrétaires , fi l'acte qui
la contiendra n'eft figné de celui à la requête duquel
elle fera faite , avec élection de domiciledans le lieu
où fera établi le Concours , & s'il n'y joint la quittance de l'amende qu'il aura préalablement confignée , foit au Greffe ou Secretariat du fiége Royal

du lieu où l'oppofition fera faite, ou à celui de la
Cour près de laquelle le Concours fera établi ; que
cette amende foit de 30 liv. pour les Offices des
Bailliages & de 60 liv. pour ceux des Cours, applicable à la caiffe générale des fecours ou aumônes, fi
l'oppofition n'eft point jugée valable.

Une amende modérée préviendra les oppofitions téméraires :
une amende confidérable empêcheroit les oppofitions les mieux
fondées. L'oppofition n'étant point motivée, le candidat qui
fe fentira coupable pourra prévenir tout éclat en fe retirant du
concours, & alors l'oppofant retirera fon amende, ainfi qu'on
l'indiquera plus bas.

A R T. X I V-

Que trois mois après la publication des Concours
dont il eft parlé en l'article fecond de la préfente
feétion, ceux qui afpirent aux Offices ou places de
Cour Souveraine & quatre mois après ladite publication, ceux qui fe deftinent aux places ou Offices
des Bailliages, fe préfentent, le jour indiqué par les
lettres d'invitation, au Parquet des Gens du Roi
en la Cour près de laquelle fera établi le Concours
auquel ils defireront être admis; que chacun des
Candidats repréfente fon extrait baptiftaire ; les
diverfes pièces qui juftifient qu'il a fatisfait à ce qui
eft prefcrit par l'article 7 & extrait des procès-verbaux des informations de vie & mœurs faites dans
toutes les Municipalités des lieux où il aura demeuré
pendant les cinq dernières années ; que toutes ces
pièces foient vérifiées par le Procureur-Général
conjointement avec tous les Avocats Généraux &
en préfence de tous les Candidats, lefquels pour-

ront faire telles obfervations qu'ils jugeront à propos & auxquelles les Gens du Roi auront tel égard qu'il appartiendra ; que leur décifion s'exécute par provifion, fauf à la partie lefée à fe pourvoir en la Cour.

A R T. XV.

S'il y a eu quelque oppofition formée à l'admiffion d'un Candidat, qu'on n'y ait aucun égard, fi l'oppofant n'eft préfent ou n'a envoyé fes motifs au Procureur Général ; s'il y a lieu de ftatuer fur cette oppofition, & que le Candidat, après avoir pris lecture des motifs, perfifte à refter, qu'il foit prononcé provifoirement fur cette oppofition par le Procureur Général affifté des Avocats Généraux, en préfence de tous les Candidats, fauf aux parties à fe pourvoir enfuite en la Cour ; qu'en ce cas les décifions qui interviendront foient de deux efpèces, les unes qui rejetteront un Candidat comme indigne, les autres qui déclareront fimplement qu'il n'eft pas en règle ; que dans l'un & l'autre cas l'amende foit rendue à l'oppofant & que dans le premier cas, c'eft-à-dire, fi le fujet eft déclaré indigne, il foit condamné à une amende égale à celle qui aura été confignée par l'oppofant, applicable moitié audit oppofant & l'autre moitié à la caiffe générale des fecours ou aumônes & en totalité à ladite caiffe, en cas que l'oppofant refufe de recevoir fa part de ladite amende.

E 3

Art. XVI.

Les titres de chaque Candidat étant vérifiés, qu'il foit fait une lifte de ceux qui auront été admis au Concours & qu'en repréfentant une copie de cette lifte tout oppofant puiffe retirer l'amende par lui confignée, fi celui à l'admiffion duquel il avoit formé oppofition n'eft point infcrit fur cette lifte.

Ainfi la réputation d'un Candidat ne fera, s'il ne veut, jamais compromife.

Art. XVII.

En cas qu'il fe préfente moins de trois fujets pour une place ou Office de Bailliage, ou moins de cinq pour un Office ou place de Cour Souveraine, que pour completer ce nombre puiffent être admises au Concours les perfonnes qui fe trouveront les moins éloignées d'avoir fatisfait à ce qui eft indiqué par l'Article 7 de la préfente feâion.

Cette difpofition peut-être appliquée à tous les autres cas femblables.

SECTION SECONDE.

Des Juges du Concours.

Qu'aussitôt après leur admission, les Candidats choisissent les Juges du Concours de la manière & parmi les personnes qui vont être indiquées.

§. Ier.

Choix des Juges du Concours pour les Offices & Places de Magistrats & d'Avocats.

ART. PREMIER.

Que le nombre des Juges du Concours soit de douze, & qu'ils soient présidés par le Procureur-Général, & en cas d'empêchement légitime par le plus ancien des Avocats-Généraux.

ART. II.

Que de ces douze Juges, six soient élus par les Candidats, parmi les Magistrats de la Cour Souveraine, près de laquelle sera établi le Concours & les six autres parmi des Avocats inscrits sur le Tableau de cette Cour, & ayant exercé

E 4

leur profeſſion , (ou celle de Procureur) ſoit dans cette Cour ou autre , pendant vingt-ans.

Art. III.

Que préalablement à l'élection des Juges & en préſence du Procureur-Général , les Candidars éliſent à haute voix deux d'entre eux pour ſcrutateurs , & que ces deux ſcrutareurs ſe placent près du coffre ou vaſe deſtiné à recevoir les bulletins.

Art. IV.

Que chaque Candidat écrive ſur un carré de de papier les noms de ſix Magiſtrats , & de ſix anciens Avocats , & dépoſe ce bulletin dans le vaſe ou coffre , en préſence de toute l'Aſſemblée.

Art. V.

Qu'auſſi-tôt que les bulletins auront été recueillis , la vérification en ſoit faite , en préſence de l'Aſſemblée , par le Procureur - Général de Sa Majeſté & les deux ſcrutateurs ; que les ſix Magiſtrats & les ſix anciens Avocats qui auront réuni le plus de ſuffrages , ſoient juges du Concours & que les trois Magiſtrats & les trois anciens Avocats qui enſuite auront obtenu le plus de ſuffrages, ſoient les ſuppléans des Juges du Concours.

Art. VI.

En cas que le nombre des anciens Avocats ne

puisse suffire, qu'on en choisisse de moins anciens.

Art. VII.

L'élection étant faite, que le Procureur-Général demande aux Candidats s'ils veulent récuser quelques uns des juges élus & que conjointement avec les autres Candidats, il juge sur le champ de la validité ou invalidité de la récusation & que le jugement soit exécuté par provision, sauf au récusant à se pourvoir en la Cour, s'il le juge à propos.

Art. VIII.

Que tout Juge, parent ou allié au 4e. degré de l'un des Candidats, soit rejetté ; cependant si la parenté leur est déclarée, qu'il puisse rester, *si tous y consentent.*

Art. IX.

Que la récusation soit valable si le Candidat a, ou a eu contre l'un des Juges un procès considérable & tel qu'il y ait lieu de craindre qu'il n'ait fait naître une inimitié violente entr'eux.

Art. X.

Qu'on ait aussi égard aux trop grandes liaisons d'amitié ou d'intérêt qui pourroient exister entre l'un des Candidats & quelqu'un des Juges.

Art. XI.

Lorfqu'un des Juges aura été valablement récufé, ou qu'il lui fera furvenu quelque empêchement, qu'il foit remplacé par un autre pris au fort parmi les fuppléans.

Art. XII.

Si le nombre des fuppléans fe trouve épuifé, qu'il foit procédé à l'élection du nombre de Juges qui feront néceffaires & qu'il foit choifi en outre au moins quatre fuppléans.

Art. XIV.

Que des fuppléans, au moins deux, favoir un Magiftrat & un Avocat affiftent aux divers examens pour opiner dans le cas où l'un des Juges qui y auroient affifté, fe trouveroit dans l'impoffibilité de donner fon fuffrage.

§. I I.

Choix des Juges du Concours pour les Offices d'Huiffiers.

Article Premier.

Qu'il foit choifi en la manière indiquée ci-deffus huit juges, favoir, quatre huiffiers de la Cour Souve-

raine & quatre experts Ecrivains, & quatre fuppléans , favoir, deux Huiffiers & deux experts
Ecrivains.

Art. II.

Que ces Juges foient préfidés par un Magiftrat
commis par le Procureur Général de Sa Majefté ; &
qu'au furplus foit obfervé ce qui eft indiqué dans le
paragraphe précédent.

SECTION TROISIEME.

De l'ouverture des Concours.

Art. Premier.

QUE le lendemain , ou autre jour le plus prochain
de l'élection des Juges du Concours, fe faffe l'ouverture folemnelle des Concours en cette manière ;
Qu'il foit célébré une meffe à laquelle affifteront
ceux des Juges & des Candidats qui feront Catholiques (*) ; qu'enfuite les trois claffes de Candidats

---

* De bons Proteftans ne valent-ils pas bien tant de Catholiques, dont route la catholicité confifte à avoir été baptifés dans
une Eglife Catholique ? Qu'on exclue, fi l'on veut, des charges les Proteftans, mais auffi qu'on en exclue les Déiftes & les
Athées. Il eft révoltant que ce foient en général les plus mauvais Catholiques, qui s'oppofent le plus vivement à tout ce qui
peut être avantageux aux Proteftans.

& leurs Juges fe rendent dans une falle commune ; qu'en leur préfence foit lue la lifte des Offices ou places qui fe trouveront alors vacans & qu'il foit prononcé par un des Magiftrats ou Avocats reçus l'année précédente , un difcours relatif à la circonftance.

Art. II.

Que le jour même , & auffi-tôt après que le difcours aura été prononcé , les Candidats fe retirent dans diverfes chambres, pour fubir le premier examen , dont l'objet fera d'écarter ceux qui fe trouveront évidemment trop foibles ; que néanmoins, fi quelques-uns de ceux-ci defiroient refter jufqu'à la fin du concours, on leur accorde cette fatisfaction. Que ce premier examen fe faffe à huis clos ; (afin d'éviter toute mortification aux Candidats trop foibles.)

Art. III.

Que le lendemain ou deux jours après , commencent les examens publics aux heures qui feront indiquées par des programmes affichés aux portes du Palais & ailleurs.

SECTION QUATRIEME.

Examens & épreuves des Candidats.

§. Ier.

Pour les Offices d'Huissiers.

A R T.   Ier.

Que les Candidats qui se destinent aux places d'Huissiers, soient examinés tous ensemble, trois fois à trois jours différens, sur-tout ce qui peut être relatif aux fonctions d'Huissier ; qu'après chaque examen les Juges inscrivent sur un registre les noms des Candidats, selon l'ordre de leur mérite ou capacité.

A R T.   I I.

Que les Candidats fassent à trois jours différens des corps d'écriture en présence des Experts-Ecrivains, & que chaque jour ceux-ci inscrivent le nom des Candidats, selon l'ordre de leur capacité.

A R T.   I I I.

Que les Juges indiquent d'abord celui que chacun d'eux aura jugé supérieur à ses concurrens, & que le nom de celui qui aura réuni le plus de suffrages soit inscrit le premier ; que la même chose soit observée, pour déterminer le second, & ainsi de suite.

§. II.

Pour les places d'Avocats.

Beaucoup d'Avocats s'éleveront peut-être contre l'établissement d'un Concours pour les places d'Avocats. Mais n'est-il pas vrai que la profession d'Avocat exige des connoissances particulieres que tout le monde certainement ne possède pas ? N'est-il pas encore vrai qu'il est intéressant que cette profession ne soit confiée qu'à des personnes en état de l'exercer ? Enfin n'est-il pas vrai que beaucoup trop de gens & de gens incapables de l'exercer dignement, osent l'embrasser au grand scandale & en même-tems au grand préjudice du public ? Le Concours remédie à tous ces inconvéniens. Il exclue tous ces hommes plus que médiocres, qui ne se proposent que de faire des rôles & de gagner de l'argent. Il offre aux talens une occasion de se faire connoître, dès leur entrée au Barreau, sans le secours d'aucun *Protecteur*, à les délivrer de l'ignominie de ramper honteusement, avant de pouvoir sortir de l'oubli. Si notre plan déplaît à la génération qui va s'éclipser, il ne sera peut-être point désagréable à celle qui brule de paroître, & qui a plus d'une fois murmuré des entraves odieuses dans lesquelles on s'est plû jusqu'à présent à la captiver. Ce n'est point la liberté de l'ordre des Avocats qu'on veut détruire, c'est au contraire sa servitude qu'on veut anéantir. Que l'accès du Barreau devienne libre à quiconque réunira la capacité aux bonnes mœurs. Voilà tout ce qu'on demande & ce qu'on obtiendra sans doute malgré les efforts redoublés de ce Tribunal fantastique, qui veut ériger tous ses caprices en Loix auxquelles, selon lui, nulle puissance humaine ne sauroit porter atteinte. Trois ou quatre cens Avocats de Paris, pour ne pas dire, l'ordre entier, détestent assez cordialement le Tribunal dont on vient de parler, & le laissent cependant les couvrir de honte par ses bizarreries que les gens peu instruits attribuent à l'ordre entier.

A R T. 1er.

Qu'en préfence du Public on interroge les Candidats, & qu'ils répondent de vive voix fur le droit & la procédure, (qui fera fort fimple & fort facile à apprendre, fi l'on adopte notre plan) & que les Juges infcrivent leurs noms fur un regiftre, par ordre de mérite, comme il eft indiqué par l'article 3 du paragraphe précédent. Que cette épreuve foit faite trois fois, à trois jours différens.

A R T. I I.

Qu'on propofe auffi aux Candidats, à huis clos, une ou plufieurs queftions par écrit, en forme de Mémoire à confulter; qu'ils y répondent par écrit, en forme de confultation, qu'en préfence de deux Juges du concours ils rédigeront dans la falle d'examen, fans déplacer, & que, fans la figner, ils dépoferont dans une boëte, placée dans cette falle. Que dès le jour même, au plus tard le lendemain, les Juges examinent ces confultations dans un bureau particulier, hors la préfence des Candidats & du Public; & quand l'examen fera fini, & le plutôt qu'il fera poffible après cet examen, que lecture de ces confultations foit faite en public, felon l'ordre du mérite; qu'après la lecture de chacune, celui qui en fera l'auteur le déclare, & vienne reconnoître l'écriture & figner la confultation, & qu'auffi tôt fon nom foit infcrit fur le regiftre. En cas qu'il furvienne quelque conteftation, par exemple, fi l'un des Candidats prétend être Auteur d'une confultation qu'un autre

reclame, qu'il en foit fait note fur le champ, &
qu'il ne foit fait droit fur la conteftation par les
Juges du concours qu'après la lecture de toutes
les confultations, * que cette épreuve foit faite
trois fois, ou au moins deux.

A R T. I I I.

Que l'on donne aux Candidats des extraits ou
copie de pièces & autres inftructions propres à former des doffiers, & qu'enfuite ils compofent des
Plaidoyers & Mémoires, & que cette épreuve foit
faite deux fois en la manière qui va être indiquée.

Première épreuve :

I. Qu'une partie des Candidats foit tenue de
faire des Plaidoyers pour un même défendeur,
dans un bref délai qui leur fera prefcrit.

II. Quand le tems prefcrit fera écoulé, que
chaque Candidat remette dans une boëte, placée
au mileu de la falle du concours, fon Plaidoyer écrit
de fa main, mais non figné & fans aucune marque
qui puiffe le faire reconnaître ; que ce Plaidoyer
puiffe être lu en une demi-heure.

III. Auffi-tôt que le délai prefcrit pour faire les
Plaidoyers fera expiré, que la boëte foit ouverte &
que les Plaidoyers qui s'y trouveront foient feuls
examinés.

IV. Auffi-tôt que cet examen fera fini, qu'il foit
fait en public lecture de ces Plaidoyers ; & que

---

* Après cette lecture, chacun aura reconnu fon ouvrage & la
conteftation n'aura plus d'objets. Si l'on demande que les confultations ne foient point fignées & ne portent aucune marque diftinc-
tive, c'eft pour prévenir toute faveur & partialité.

l'on

l'on obſerve tout ce qui eſt preſcrit ci-deſſus à l'égard des conſultations. Néanmoins pour ména- ger le tems, quand on aura lu un certain nom- bre de Plaidoyers, que les autres ne ſoient lus qu'autant que ceux qui en feront les Auteurs le demanderont, & en cas qu'ils ne le demandent pas, que l'on ſe contente d'écrire leurs noms ſur le regiſtre, ſelon l'ordre du mérite de leur ouvrage.

Les Candidats feroient ces plaidoyers dans leurs Cabinets, & on leur repréſenteroit préalablement que l'honneur & la conſcience ne leur permettent de communiquer leur travail à perſonne. Nous indiquerons un moyen de punir la fraude qui pourroit être commiſe. Il faut que ce délai ſoit fort court ; d'abord pour laiſſer peu de tems à la fraude, enſuite parce qu'on ne doit admettre aux places d'Avocats que des gens expé- ditifs. Tout le monde n'a pas de facilité, dira-t-on. Faut il que tout le monde ſoit Avocat ? Celui qui n'a jamais ſu écrire que d'une manière indéchiffrable, s'eſt-il jamais aviſé de ſe préſen- ter à l'Académie d'écriture pour s'y faire recevoir ? Celui qui n'aura pas aſſez de facilité pour ſe faire recevoir Avocat, em- braſſera un autre état. *Soyez Maçon, ſi c'eſt votre talent.*

V. Que celui des Plaidoyers qui aura été jugé le meilleur, ſoit imprimé ſur le champ, & qu'un ex emplaire en ſoit délivré à chacun des Candidats.

En une demie heure on peut dire bien des choſes, & en deux heures on en peut dire fort peu. La préciſion eſt une qualite néceſſaire à l'Avocat. Son miniſtère a pour objet d'éclairer les Juges &, de faciliter l'expédition des procès. Que tout homme qui ne ſait que noyer ſes penſées dans un déluge de mots ſoit exclus de la profeſſion d'Avocat.

VI. Après avoir reçu ce Plaidoyer, que les Can- didats, chargés des intérêts du Défendeur, faſſent leurs Plaidoyers, pour lui, dans le bref délai qui leur fera prefcrit ; que chacun de ces Plaidoyers puiffe être lu en une demi-heure , & qu'au furplus foit obfervé ce qui eft prefcrit ci-deffus , relativement au premier plaidoyer.

VII. Que le meilleur de ces Plaidoyers foit imprimé , & que les Avocats du Demandeur y répliquent par un Plaidoyer d'un quart-d'heure de lecture ; que la meilleure de ces répliques foit imprimée , & que des exemplaires en foient diftribués à tous les Candidats.

VIII. Enfin , que les Avocats , tant du Demandeur que du Défendeur , faffent pour leurs parties un Mémoire ou Précis qui puiffe être lu en moins d'une demie-heure.

Si notre plan eft fuivi , on verra paroître dans les Concours des chefs-d'œuvre de précifion ; bientôt une éloquence mâle & nerveufe établira fon empire au barreau , & les caufes & procès feront inftruits & jugés avec autant de jufteffe que de célérité.

Seconde épreuve :

I. Qu'une feconde caufe foit donnée aux Candidats ; que la partie, qui dans la première aura eu le rôle du Demandeur , ait dans celle-ci le rôle du Défendeur , & que celle qui avoit le rôle du Défendeur ait celui du Demandeur.

II. Pour ménager le temps , que les Candidats s'occupent de cette feconde caufe , pendant que les Juges examineront les Plaidoyers & Mémoires de la première ; c'eft-à-dire , qu'après avoir fait le Plaidoyer de la première caufe , les Candidats faffent celui de la feconde , & ainfi de fuite.

Art. IV.

Dans le cas où les Candidats prétendroient que les Confultations, Plaidoyers ou Mémoires, préfentés par l'un d'eux, n'ont point été faits par lui, s'il ne fe retire pas du concours, qu'on l'affujetiffe à une nouvelle épreuve, en lui fefant faire, felon le cas, une Confultation ou un petit Plaidoyer, ou un Mémoire, dans la falle même du concours, ou dans un cabinet particulier, fans défemparer, & fous l'infpection d'un des Juges du concours & des Candidats, ou de deux d'entr'eux qu'il leur plaira choifir; s'il paroît évidemment que ce Candidat eft incapable d'avoir fait un ouvrage tel que celuï qu'il a préfenté, comme étant de lui, qu'il foit rejetté, déclaré infâme, * & exclus de tous concours pendant dix ans.

Une pareille fraude eft très-facile à conftater & peut l'être en très-peu de tems; car à l'infpection d'une feule page de la nouvelle confultation ou du nouveau plaidoyer, il feroit prefque toujours poffible de reconnoître la mauvaife foi du Candidat & fon impéritie.

On convient cependant qu'il peut fe commettre quelque fraude qu'il foit impoffible de prouver. Un fujet ne manquant pas de capacité pourra, à l'aide de quelques fecours, paroître plus habile qu'il n'eft effectivement; mais ce n'eft qu'un inconvénient léger, furtout fi on le compare aux abus énormes qui fubfiftent actuellement. D'ailleurs qu'on fonge au grand nombre d'épreuves auxquelles nous propofons d'affujetir les Candidats; fi la fraude les favorife dans quelques-unes, pourra-t-elle les favorifer dans toutes ? Ajoutons que dans le nombre

---

* Selon notre plan, l'infamie pourra être effacée par dix ans de conduite exemplaire.

des Candidats il s'en trouvera souvent d'un mérite supérieur à celui des Juges mêmes & capables de surpasser, sans le secours de personne, ceux de leurs concurrens qui auront été secondés par les coopérateurs les plus habiles. Enfin la fraude sera presque toujours rendue inutile par la disposition de l'article premier de la section suivante.

§. I I I.

Pour les Offices d'Avocats Généraux & d'Avocats du Roi.

A R T. Ier.

Qu'on remette aux Candidats des exemplaires des six Plaidoyers, & des deux Mémoires ou Précis, qui, au concours des Avocats, auront été imprimés, comme étant les meilleurs; qu'on leur remette aussi les extraits ou copies de pièces & autres instructions qui auront formé les dossiers, & qu'ils fassent chacun deux Plaidoyers d'Avocats Généraux.

A R T. I I.

Qu'en outre chaque Candidat compose un discours sur les devoirs de divers Officiers de Justice, ou sur la Législation.

Que de fraudes, dira-t-on, se commettront, si ce plan est admis ? Pas autant peut-être qu'on se l'imagine. Quel orateur voudra se réduire à la gloire obscure & malhonnête d'avoir fait triompher l'incapacité, tandis que lui même peut aspirer à la dignité qui fait l'objet des vœux de tant de concurrens ; tandis que lui même peut, en l'obtenant, se couvrir d'une gloire aussi juste qu'éclatante ?

Ce ne feront pas, ajoutera-t-on, les Avocats qui favoriſe-
ront la fraude ; ce feront des Magiſtrats qui n'auront plus de
lauriers à cueillir & qui pourront gratifier leurs amis du ſuper-
flu de leurs talens. Soit. Eh bien, auſſi intrépides que Diomede,
que les Avocats combattent hardiment & contre les lâches
Troyens & contre les Dieux plus lâches * encore qui les
protegent, & qu'ils forcent ceux ci à ſe réfugier honteuſement
dans l'Olympe.

A R T.   I I I.

Que ces Plaidoyers & diſcours , entièrement
écrits de la main des Candidats , ſans ſignature , ni
aucune marque diſtinctive , ſoient dépoſés dans
une boîte, & qu'ils ſoient examinés , & enſuite
lus publiquement , ainſi qu'il eſt preſcrit à l'égard
des Plaidoyers des aſpirans aux places de ſimples
Avocats.

§.   I V.

Pour les Offices de Conſeillers & Préſidens.

A R T.   Ier.

Qu'il ſoit remis aux Candidats des Mémoires
faits pour toutes les Parties , dans trois affaires un
peu compliquées , avec des extraits ou copies de
pièces ; qu'ils rédigent leurs rapports par écrit, &
que ſur le dépôt & la lecture de ces rapports, ſoit

---

* Vit-on jamais plus grand poltron que le Mars d'Homère ? Ah !
les pauvres gens que tous les Dieux de ce Poëte !..... comme
preſque tous les Dieux de la Terre.

obfervé ce qui eft preſcrit ci-deſſus pour les Plaidoyers.

A R T. I I.

S'il s'agit d'un Office de Préſident, ſoit d'une
Cour ou d'un Bailliage, que les Candidats ſoient
tenus de compoſer, en outre, un diſcours ſur les
Loix ou ſur les devoirs des divers Officiers de
Juſtice, comme il eſt preſcrit à l'égard des aſpirans aux Offices d'Avocat du Roi ou d'Avocat Général.

SECTION CINQUIEME.

De la déſignation & élection des Officiers.

ARTICLE PREMIER.

Après que tous les examens & toutes les épreuves feront finis, que les Juges du concours, s'il
n'y a qu'une place, ou Office, qui ſoit propoſée,
déclarent, dans la ſalle générale, & en préſence
du Public, quels ſont les trois ſujets, qui, tout
combinés, ſe trouvent ſupérieurs aux autres, &
que ces Juges motivent leurs avis à haute voix.

A R T. II.

S'il y a deux places, qu'ils indiquent cinq ſujets;
ſept, s'il y en a trois; neuf, s'il y en a quatre, &
ainſi de ſuite.

Pour éviter toute confusion, il seroit bon de ne propofer que cinq ou fix places par concours ; ainfi s'il y en avoit dix ou douze, il y auroit deux Concours fucceffifs, & ceux qui n'auroient pas réuffi au premier fe préfenteroient au fecond.

A r t. I I I.

Que les trois fujets défignés par les Juges élifent celui d'entr'eux qu'ils croiront le plus digne de remplir l'Office ou place vacans. S'il y a cinq défignés, qu'ils élifent deux d'entr'eux, & ainfi de fuite. Si les fuffrages des Electeurs fe trouvoient également partagés, que le fort décide entre les élus.

A r t. I V.

Si néanmoins un des Candidats fe trouvoit avoir été fupérieur à tous fes concurrens, dans tous les examens & épreuves, qu'il foit élu de plein droit, fans avoir befoin du fuffrage de fes concurrens.

Il n'y a pas lieu de croire que des Juges choifis avec tant de précaution & furveillés par un public éclairé, ofent & puiffent commettre neuf ou dix injuftices à la fois.

A r t. V.

Que le fujet élu foit préfenté au Roi ou à M. le Chancelier ou Garde des Sceaux, par un acte fait au nom des Juges du concours, pour être pourvu de l'Office vacant.

A R T. V I.

Qu'il foit fait une lifte des Sujets élus ; que cette lifte foit inférée dans les papiers publics ; qu'elle foit expofée, pendant quinze jours, dans la principale falle d'audience de la Cour, près de laquelle le concours aura eu lieu ; qu'elle foit notifiée, en ce qui les concerne, aux Officiers des Bailliages, pour lefquels quelques - uns des Elus fe trouveront deftinés, & que l'extrait de cette lifte foit expofé dans leur auditoire.

A R T. V I I.

Que nulle oppofition ne foit reçue fans avoir préalablement configné une amende de 75 livres, s'il s'agit d'un Office d'Huiffier d'un Bailliage, de 150, s'il s'agit d'un Office d'Avocat, de 300 liv. s'il s'agit d'un Office de Confeiller, & de 600 liv. s'il s'agit d'un Office de Préfident ou Lieutenant-Général ; que l'amende foit double, s'il s'agit d'offices ou places de Cour Souveraine ; applicable ladite amende, moitié à l'élu, & l'autre moitié à la caiffe générale des fecours ou aumônes, fi l'oppofition n'eft pas jugée valable.

A R T. V I I I.

Que les Cours Souveraines jugent feules & à des audiences extraordinaires, qui feront accordées fur le champ, de la validité des oppofitions, & condamnent les Oppofans à l'amende, s'ils ne trouvent pas l'oppofition valable ; fi au contraire

ils la trouvent bien fondée , que l'élu soit rejetté &
condamné envers l'Opposant & les Pauvres , à une
amende égale à celle que l'opposant aura consi-
signée.

A r t. I X.

Si dans la quinzaine , à compter du jour de
l'élection , il n'est point survenu d'opposition , ou
que celles qui seront survenues n'aient point été
jugées valables , que l'Elu soit reçu dans l'Office
qui lui est destiné , & prête le serment requis dans
le Tribunal dont dépend ledit Office.

A r t. X.

Si dans l'intervalle d'un concours à l'autre , l'un
des Elus, ou quelqu'autre pourvu d'Office de Juge
ou d'Huissier , vient à décéder , qu'il soit remplacé
provisoirement par un des Electeurs ou sujets dési-
gnés dignes de l'Office dont il s'agira , lequel prêtera serment , sera reçu dans ledit Office, en
exercera toutes les fonctions, en percevra tous les
émolumens, & jouira des honneurs qui y sont
attachés , jusqu'à ce que, par la voie du concours,
& de l'Election , l'Office ait été déféré , soit à lui-
même ou à un autre. Si plusieurs Electeurs se présentent pour ledit Office, que l'âge ou le sort décide
entr'eux.

A r t. X I.

En cas qu'il ne se présente aucun suppléant ,
que l'Office soit exercé par provision , par la per-

fonne qui fera commife par le Tribunal, & qui ne pourra être qu'un Avocat du fiége, s'il s'agit d'un Office de Juge.

***

CHAPITRE TROISIEME.

Des devoirs & fonctions des Officiers.

SECTION PREMIERE.

Des devoirs généraux des divers Officiers.

A R T. Ier.

Que tout Magiftrat, Avocat & Huiffier, lors de fa réception, faffe ferment, d'obferver fidélement les Loix qui auront été approuvées & fanctionnées dans l'Affemblée Nationale.

A R T. I I.

Que toutes Cours & Bailliages foient tenus d'enregiftrer *purement & fimplement* lefdites Loix, lorfqu'elles ne feront point relatives aux objets, dont la connoiffance aura été attribuée à ces Tribunaux feuls ; & lorfque ces Loix auront un rapport direct à ces objets, que les Cours (du Roi ou de Juftice) aient le droit de ne les enrégiftrer qu'avec des proteftations, dont l'effet fera de ne rendre l'exécution de ces Loix que provifoire, juf-

qu'à la prochaine tenue de l'Affemblée Nationale;
& dans ce dernier cas, que la Cour, qui aura fait
ces proteftations, puiffe envoyer des Députés à
l'Affemblée Nationale, feulement pour y préfenter fes remontrances, & en prouver la juftefle &
la folidité.

Tout Tribunal, quoiqu'il en puiffe dire, eft Tribunal d'at-
tribution, & n'a droit de connoître que de ce dont la connoiffance lui a été attribuée par le Légiflateur.

ART. III.

Que tout Tribunal, Magiftrat ou autre Officier
de Juftice quelconque qui auroit enregiftré, exécuté ou fait exécuter quelque réglement attenta-
toire à quelqu'un de ceux qui auront été faits par
l'Affemblée Nationale ou qui y auroit porté atteinte, en quelque manière que ce foit, foit pourfuivi
extraordinairement devant la Commiffion intermédiaire des Etats de la Province (autrement de
l'Affemblée Provinciale) ou même devant l'Affemblée Nationale, felon la gravité du crime,
pour être condamné à la peine ou fupplice qu'il
méritera, & qui aura été déterminée par le Code
pénal.

ART. IV.

Que tout Officier qui aura encouru l'infamie
foit privé fur le champ de fon Office, (fauf rembourfement, s'il a payé une finance). *

---

* Que ce rembourfement ait lieu dans tous les cas où un Officier
fera privé de fon office.

On spécifiera dans la suite les divers cas où l'infamie sera encourue.

Art. V.

Que tout Officier qui se sera absenté pendant un an sans cause légitime, soit privé de son Office, & que néanmoins il ait la faculté de se présenter au concours, même pour cet Office, en se conformant à ce qui est prescrit aux Candidats ; & en cas que le Tribunal Royal néglige d'ordonner cette privation, qu'elle puisse être ordonnée par le Tribunal Municipal, ou qu'au moins ce Tribunal puisse défendre au Trésorier de la Municipalité de payer aucuns appointemens à cet Officier du Bailliage, & même au Bailliage entier.

Art. VI.

Que tout Officier convaincu d'un libertinage notoire & scandaleux, soit privé de son Office, & exclus de tous concours pendant cinq ans. Que les Tribunaux Royaux & Municipaux connoissent concurremment & sans préjudice l'un de l'autre, de ce libertinage, & que, dès qu'à la Requête du Censeur ou Procureur Syndic de la Municipalité, le Corps Municipal aura déclaré un Officier d'un Tribunal Royal, atteint & convaincu d'un libertinage notoire & scandaleux, cet Officier soit privé de plein droit de son Office, à moins qu'un Arrêt de la Commission intermédiaire des Etats de la Province, rendu en connoissance de cause, n'infirme la Sentence de la Municipalité.

A R T. VII.

Que tout Officier qui aura été condamné à faire
réparation d'honneur à quelqu'un, soit privé de
son Office, & exclus de tous concours pendant
cinq ans; en cas que le Tribunal Royal néglige
d'obferver cet article, & le fuivant, que le Tribunal Municipal le faffe exécuter.

A R T. VIII.

Que tout Officier convaincu d'être fujet à s'eni-
vrer, foit privé de fon Office, fauf à fe préfenter
aux concours, l'année fuivante.

A R T. IX.

Que les Tribunaux Royaux veillent attentive-
ment à l'obfervation de la difcipline judiciaire, &
par conféquent à l'exécution de ce qui eft indiqué
dans cette Section & les fuivantes, & pour prévenir
tout relâchement, que les Tribunaux Municipaux
s'occupent eux - mêmes de ce foin; qu'ils foient
comptables de leur négligence à cet égard à l'Affemblée Générale des Citoyens du reffort de la
Municipalité, & foient même condamnés aux
dommages-intérêts envers les Citoyens qui leur
auroient inutilement déféré quelques abus, dont
ils auroient été victimes.

SECTION SECONDE.

Des devoirs particuliers des Magiſtrats *.

ART. I.

Que tout Magiſtrat ſoit tenu de ſe comporter avec la décence qui convient à ſon état.

ART. II.

Que tout Magiſtrat, convaincu d'adultère (ſoit de ſa part ou de la part de la femme) ſoit privé de ſon Office, & qu'il ne puiſſe être admis que cinq ans après aux concours, & ſeulement pour les places d'Avocats ou d'Huiſſiers.

Néanmoins après avoir exercé l'Office d'Avocat pendant un certain nombre d'années, il ſemble qu'il pourroit être admis au Concours pour les Offices de Magiſtrat.

ART. III.

Même peine pour celui qui ſuccombera dans une accuſation de paternité, lorſque la mère de de l'enfant, de quelle condition qu'elle ſoit, ſera

---

* Ce que contient cette ſection peut & doit s'appliquer aux Membres des Juriſdictions municipales & commerçales. Et quel inconvénient y auroit-il de l'étendre à tout Repréſentant d'une partie de ſes Concitoyens ?

accouchée avant l'âge de 21 ans accomplis , fur-
tout fi le Magiftrat eft âgé de trente ans ou plus ,
pourvu que jufqu'au moment de la groffeffe , la
fille ait paru mener une vie honnête.

A R T. IV.

Que tout Magiftrat furpris dans un lieu de dé-
bauche , ou convaincu de fréquenter des proftituées ou des femmes entretenues & connues pour
telles , foit privé de fon Office , & exclus des concours pendant cinq ans.

Eft-il un fcandale plus pernicieux que celui que donnent ces
femmes , dont les Magiftrats ne rougiffent quelquefois pas
d'être les premiers efclaves & les premieres dupes ? Les in-
fâmes proftituées, *qui infultent à toutes les heures & dans toutes
les rues de la Capitale à la pudeur-publique* , font plus propres
à corrompre les corps qu'a féduire les cœurs , & leur vue feule
fuffit pour infpirer l'horreur du libertinage à quiconque n'eft
pas entiérement dépravé. Mais ces femmes, que l'on regarde
comme des Divinités , ces fyrenes enchantereffes qui, aux
graces les plus féduifantes , réuniffent les talens les plus admi-
rables , ces êtres à qui, pour être parfaits , il ne manque que
de la vertu, quel Ulyffe peut leur échapper ? Quelle impreffion
dangereufe ne font pas fur l'efprit du vulgaire , & peut-être
de tous les hommes, ces chars légers , où l'on croit voir la
Reine des Fleurs portée fur les aîles des Zéphirs , ces Palais
élégants qui paroiffent s'élever du fein de la terre , aux fons de
la lyre d'Amphion ; ces jardins délicieux que l'Art & la Nature
femblent fe difputer l'honneur d'embellir ! mais furtout, quelle
atteinte cruelle ne reçoit pas la vertu dans les cœurs mêmes
où elle croioit avoir trouvé un azile inviolable , lorfqu'on ap-
perçoit les Dieux de la Terre qui fe font confacrés au culte de
ces idoles , & qui s'empreffent de dépofer à leurs pieds les
offrandes qu'eux-mêmes ont reçues des mortels ! Tant qu'on
laiffera fubfifter ces abus , toute reforme fera inutile ; mais fi
l'on fe propofe de les fupprimer , comme ce ne fera fans doute

que lentement & à mesure seulement que l'on parviendra à s'en
détacher (ce qui ne sera pas facile) il faut dès à présent rom-
pre tout commerce entre les Prêtres de Thémis & les Prêtres-
ses de Venus, c'est-à-dire, pour parler français, entre les *Magiftrats & les Courtifanes.*

Cet article déplaira sans doute à bien des Citoyens, mais
je fuis sûr qu'il n'y en aura aucun qui ofe le défaprouver par
écrit & figner fon improbation. On fe fait gloire de n'avoir
point de mœurs, & cependant on fe trouveroit très-offenfé
d'être furnommé *fans mœurs.*

A R T. V.

Même peine contre celui qui fuccombera dans
une accufation de paternité intentée contre lui,
fi le crime (ou délit fi l'on veut) a été commis
avec une femme majeure de 25 ans.

Que celui qui fe trouvera dans ce cas prévienne le fcandale
d'une pareille accufation en affurant le fort de l'enfant. On ne
prétend pas propofer de punir les coupables qui fe cachent.

A R T. V I.

En cas de récidive, que le Magiftrat foit privé
de fon Office, & exclus pour toujours, ou au
moins pendant fix ans de tout concours.

A R T. V I I.

Que tout Magiftrat qui aura été admonefté foit
privé de fon Office, fauf à fe préfenter aux concours l'année fuivante.

ART. VIII.

A R T. V I I I.

Même peine contre tout Magistrat qui aura été emprisonné, pour n'avoir point acquitté une lettre de change, par lui tirée ou endossée.

A R T. I X.

Que tout Magistrat qui se trouvera devoir plus qu'il ne possède, soit privé de son Office, sauf à se présenter aux concours, lorsqu'il aura payé ses dettes.

Comment ce Magistrat pourroit - il prononcer un jugement d'interdiction contre un prodigue ?

A R T. X.

Que tout Magistrat qui aura succombé dans une instance en séparation de biens, subisse la même peine.

A R T. X I.

Que tout Magistrat qui aura succombé dans une instance en séparation de corps & d'habitation, soit privé de son Office, & exclus des concours pendant cinq ans ; pourvu toutefois qu'il ne se trouve pas convaincu de libertinage ; auquel cas sera observé ce qui est prescrit en l'article 2 de la présente Section.

On sait ce qu'une femme est obligée de prouver pour obtenir sa séparation ; osera-t-on soutenir que celui contre qui des

G

preuves fuffifantes ont été adminiftrées eft digne d'être Magiftrat? En un mot, un tyran peut-il être un bon Citoyen?

A r t. X I I.

Dans le cas où un Magiftrat feroit convaincu
de vivre avec une femme, comme fi elle étoit
fon époufe, quoiqu'ils ne fuffent pas mariés, qu'il
foit obligé de s'en féparer, s'ils n'ont point d'enfans, ou de l'époufer, à peine de perte de fon
Office; & s'il exifte des enfans ou defcendans de
leur conjonction, qu'il foit tenu d'époufer cette
femme, à peine de privation de fon Office, &
d'exclufion à perpétuité de tout concours.

Un Magiftrat qui refufe d'époufer une femme avec laquelle
il vit, & dont il a des enfans, n'eft pas un homme, c'eft une
brute, & fans doute les François ne font pas d'avis de placer
des chiens ou des pourceaux fur leurs Tribunaux.

A r t. X I I I.

Qu'aucun Magiftrat ne puiffe faire ni directement, ni indirectement aucun commerce, & notamment celui des grains & farines, à peine de
privation de fon Office, & dans le dernier cas d'exclufion des concours pendant cinq ans.

A r t. X I V.

Que tout Magiftrat, convaincu d'accaparement,
foit privé de fon Office, & exclus de tout concours
pendant cinq ans; fi l'accaparement a eu pour
objet des grains & farines, qu'il foit condamné

aux travaux publics pour cinq ans , après avoir été préalablement enfermé, pendant un mois, dans une cage de fer , exposée sur une colonne , élevée dans une place publique , & que pendant ce mois il soit réduit au pain d'orge & à l'eau.

Seroit-ce donc un supplice trop cruel que de faire sentir les horreurs de la misère & même de la faim à un scélérat, qui, pour s'enrichir, a tenté de faire périr d'inanition des milliers de Citoyens ? Quelle pitié peut-on avoir pour des monstres qui pilleroient & broyeroient , dans un mortier , des millions d'hommes, si, par cette opération exécrable, ils pouvoient espérer d'en extraire quelques onces d'or ? Il n'y a point là d'exagération. Tout le monde sait qu'il n'y a point d'horreurs que la soif de l'or ne fasse commettre.

A R T. X V.

Qu'à peine d'infamie & de restitution du quadruple , nul Magistrat ne puisse rien recevoir des Parties à titre d'épices, vacations ou même de présent ; qu'il soit tenu subsidiairement de la restitution du quadruple de ce que son Secrétaire , ou quelqu'un de ses domestiques auroit reçu de quelqu'une des Parties ; qu'il ne puisse même recevoir chez lui aucune des parties actuellement plaidantes devant lui , même sous prétexte de médiation.

« Les Clercs ou Commis des Présidens , Maîtres des requê
» tes, Conseillers, de nos Avocats & Procureurs-Généraux ,
» & de leurs substituts & des Greffiers, & Avocats, ne pour
» ront prendre & recevoir plus grands droits que ceux qui pas
» sent en taxe aux parties, encore qu'ils leur fussent volontaire
» ment offerts a peine d'exaction , *qui pourra être prouvée par la*
» *déposition de six témoins, quoique intéressés & qu'ils déposent*
» *de faits singuliers.* »

Ce qu'on vient de lire, n'eſt point un projet de loi ; c'eſt au contraire une loi actuellement exiſtante ; c'eſt l'article vingt-neuf de l'édit donné à Verſailles au mois de Mars, l'an de grace mil ſix cent ſoixante treize, lu, publié & regiſtré, oui & ce requerant le Procureur-Général du Roi, *pour être exécuté ſelon ſa forme & teneur. A Paris en Parlement, le Roi y ſéant en ſon lit de Juſtice, le vingt-troiſième Mars mil ſix cent ſoixante treize.* Si nous ſommes entrés dans un ſi grand détail, c'eſt de peur qu'on ne nous accuſe d'impoſture & qu'on ne prétende que dans le deſſein de calomnier les Magiſtrats, nous nous plaiſons à citer comme exiſtantes des loix qui n'ont jamais été faites ni publiées.

Il eſt bien vrai que l'édit du mois de Mars 1663, ou du moins l'article 29 de cet édit exiſte maintenant, comme s'il n'avoit jamais été fait ni publié, mais dans quelque oubli qu'il ait plu aux Magiſtrats de laiſſer tomber ou plutôt de plonger cet édit, qui n'étoit pas de leur goût, qu'ils avoient dit-on, refuſé d'enregiſtrer & qui effectivement fut enregiſtré, *le Roi ſéant en ſon lit de Juſtice,* il n'en eſt pas moins vrai que cet édit exiſte & n'a point été révoqué. Par conſéquent toutes les contraventions faites aux ſages diſpoſitions de cet édit, contraventions qui excitent depuis long - tems les juſtes reclamations du public, ſont autant d'abus répréhenſibles, qui prouvent combien peu l'on doit ſe repoſer ſur les Magiſtrats du ſoin de maintenir l'exécution des loix utiles au plus grand nombre des Citoyens, lorſque ces mêmes loix ne ſont pas favorables aux gens de Juſtice mêmes. Or comme toute loi relative à l'adminiſtration de la Juſtice doit néceſſairement, ſi elle eſt ſage, tendre à diminuer l'étendue des procédures & les frais, & tenir les Magiſtrats dans un activité perpétuelle, il eſt évident que loin d'être favorable aux gens de Juſtice, elle leur impoſera un joug très-rigou-reux, & par conſéquent (la conſéquence n'eſt pas flatteuſe ; mais elle eſt juſte) c'eſt à d'autres qu'aux Magiſtrats des Tribunaux de Juſtice proprement dits qu'il faut confier le maintien de la diſcipline judiciaire. Car enfin, ſmettant à part toute hauteur, toute morgue, pour ne s'en tenir qu'à la ſimple raiſon, n'eſt-il pas tout naturel, lorſque quelqu'un a mal gardé une choſe, d'en confier la garde à un autre ? On ſera peut être offenſé de ce langage ; car en commettant ou laiſſant commet-tre des abus qu'on doit réprimer, on eſt encore aſſez injuſte pour ne pas vouloir permettre le plus léger murmure. Mais, difons le hardiment, ce ne font pas ceux qui murmurent qui font coupables, ce font ceux qui font murmurer. Un Magiftrat quel qu'il foit, qui ne remplit pes fes devoirs n'eft qu'un prévaricateur, & qui dit *prévaricateur* ne dit pas un homme qu'on doit refpecter, mais un homme qu'on doit punir, & qu'on punira quand les loix regneront.

A R T. X V I.

Que les Juges affiftent affidument aux audiences & aux rapports , & que ceux qui s'en abfenteront, fans caufe légitime , foient condamnés , pour chaque jour , en une amende envers la caiffe générale des fecours ou aumônes.

A R T. X V I I.

Que des honoraires ou appointemens qui feront attribués aux Juges les deux tiers , ou au moins la moitié , foient partagés en diverfes portions qui leur feront diftribuées pour chaque affiftance aux audiences , tant de rapports que de plaidoieries ; que la rétribution des abfens , même pour caufe légitime , refte au tréfor public.

A R T. X V I I I.

Que les Juges opinent à haute voix ; que leurs rapports ou les notes dont ils fe ferviront pour les faire, foient entièrement écrits de leur main : qu'ils les faffent dans la falle d'audience , en préfence des Parties ou de leurs défenfeurs , & même du public , fauf à préparer les rapports & les jugemens dans la Chambre du Confeil.

Alors on ne pourra plus dire que les jugemens fur rapport, font l'ouvrage du rapporteur feul, ou de fon Secrétaire, ainfi qu'on l'a quelquefois prétendu.

A R T. X I X.

Que les plaidoyers ou notes des Gens du Roi, ou du moins la minute de ces Plaidoyers, foient entièrement écrits de leur main.

Comment conftater l'exécution de cet article uniquement en autorifant les parties à demander exhibition du plaidoyer ou de la minute. Si cette exhibition fe fefoit de droit, elle perdoit tout ce qu'elle femble avoir d'injurieux ; car perfonne ordinairement ne s'offenfe d'être obligé de faire ce qui eft de droit.

A R T. X X.

Que celui qui préfidera dicte lentement, & à haute voix, le Jugement & les motifs du jugement.

Il n'y a pas de plus fûr moyen de prévenir les fraudes dont fe plaignent quelques plaideurs, qui voudroient faire croire que les difpofitions des arrêts ont été changées quelquefois par ceux qui étoient chargés de les expédier.

A R T. X X I.

Que les Magiftrats gardent inviolablement le fecret fur le nom de Rapporteur, afin que les Parties ne puiffent les connoître qu'au moment où elles les entendront faire leur rapport.

SECTION TROISIEME.

*Devoirs particuliers & fonctions des Conseillers-
Secrétaires.*

ART. Ier.

Que les Conseillers-Secrétaires (ou Greffiers)
écrivent *eux-mêmes* sur des Regiftres les diverfes
conclufions des Parties , celles des Gens du Roi,
les avis des Rapporteurs & autres Juges , les jugemens & motifs des jugemens , les délibérations &
arrêtés de leur Compagnie.

ART. II.

Qu'ils faffent figner incontinent les conclufions
des Parties par elles-mêmes ou leurs Défenfeurs ,
celles des Gens du Roi par ces Magiftrats, les
avis par les Rapporteurs & les autres Juges qui les
auront donnés , les jugemens , délibérations &
arrêtés par celui qui aura préfidé.

ART. II.

Qu'ils aient un regiftre & une feuille , fur chacun
defquels, à chaque féance, foit de plaidoierie, ou de
rapport , s'infcriront *eux - mêmes* les Juges préfens :
que le regiftre refte au Bailliage ou en la Cour, &

G 4

que la feuille arrêtée & fignée par le Préfident &
Secrétaire, foit remife au Secrétariat de la grande
Municipalité du lieu, s'il s'agit d'un Bailliage, & à
celui de la Commiffion intermédiaire des Etats de
la Province, s'il s'agit d'une Cour.

A R T. I V.

Que les Confeillers-Secrétaires ne puiffent refufer
de délivrer aux Parties copie du difpofitif du jugement, fignée de lui.

A R T. V.

Qu'il collationne & figne les expéditions entiè-
res des jugemens qu'il délivrera ou fera délivrer
par fes Commis.

A R T. V I.

Que pour ces expéditions il ne puiffe rien exiger au-delà de ce qui fera porté au tarif général
arrêté dans l'Affemblée Nationale, à peine de
privation de fon Office, & de reftitution du quadruple de ce qu'il aura reçu.

A R T. V I I I.

Qu'il foit tenu de délivrer promptement aux
Parties les expéditions qu'elles demanderont, &
au moins dans trois jours, à compter de celui de
leur réquifition, à peine de trois livres d'amende
pour chaque jour de retard, pendant la première

huitaine, de 6 livres pendant la seconde, & 12 l,
pendant la troisième , & enfin de privation de son
Office.

Cette réquisition se feroit par un simple acte dont on feroit
signer le duplicata par le Conseiller-Secrétaire. La partie pourroit faire elle-même cet acte.

A R T. I X.

Lorsque le Conseiller - Secrétaire sera absent,
qu'il soit remplacé par le dernier reçu des Conseillers.

A R T. X.

Que le Conseiller-Secrétaire opine ainsi que les
autres Conseillers, du moins lorsque les avis seront partagés.

SECTION QUATRIEME.

Devoirs & fonctions des Avocats.

A R T. Ier.

Que les Avocats se regardent comme les premiers Juges de leurs Parties , & que ce ne soit que
pour soutenir la Justice de leur Jugement, qu'ils se
présentent devant les Tribunaux.

A R T. I I.

Qu'ils fe conduifent en toutes circonftances avec la délicateffe & la décence convenables à l'honorable miniftère qu'ils exercent, & que relativement aux mœurs & aux dettes , foit obfervé à leur égard ce qui eft prefcrit à l'égard des Magiftrats.

A R T I I I.

Qu'ils évitent dans leurs Plaidoyers & Mémoires tout ce qui eft étranger à la caufe.

A R T. I V.

Que tout Avocat dont les Mémoires ou écritures auront été fupprimés (légalement) foit interdit pendant fix mois , fauf à lui fe pourvoir par les voies de droit contre le jugement qui l'aura interdit.

A R T. V.

Que la fuppreffion d'aucun Mémoire , Plaidoyer ou pièces d'écriture ne puiffe être ordonnée qu'en pleine connoiffance de caufe , & par le Tribunal devant lequel la caufe ou inftance fera pendante.

A R T. V I.

Que tout Avocat qui aura fait un Mémoire ou

pièce d'écriture, dont on aura rayé ou supprimé une partie, comme inutile, soit suspendu de ses fonctions pendant un mois, *& qu'aucune Partie de la pièce d'écriture ou du memoire ne lui passe en taxe.*

A R T. VII.

Qu'à peine de radiation du tableau, aucun Avocat ne puisse faire imprimer aucune Consultation ou Mémoire, avant que les délais de l'assignation ne soient entièrement expirés, sauf à l'Avocat rayé à se présenter cinq ans après aux concours, en satisfaisant d'ailleurs à ce qui est prescrit aux Candidats.

A R T. VIII.

Que nul Magistrat ou Tribunal, quel qu'il soit, ne puisse, à peine d'interdiction, & même de dénonciation à la Nation, empêcher l'impression d'aucuns Mémoires ou Consultations, lorsque les délais de l'assignation seront échus, à moins que l'affaire ne se trouve terminée par une transaction, ou autrement.

On sent combien il est intéressant que les Juges soient perpétuellement surveillés par le public. Il est vrai que les mémoires ont fait souvent beaucoup de mal, mais en prenant des précautions pour empêcher qu'il n'y entre rien d'étranger à la cause pour laquelle ils seront composés, il n'y aura que les Juges iniques qui auront lieu de les redouter.

A R T. IX.

Qu'aux Avocats appartienne exclusivement le

droit de faire les Confultations que (felon notre plan) il faudra joindre aux Requêtes tendantes à être reçu appellant d'un jugement, *& les écritures & Mémoires dans les procès par écrit ;* que dans tous les autres cas, toute partie ait le droit d'écrire elle - même, ou de faire écrire par qui elle voudra ; mais que dans ce dernier cas, les Mémoires ne puiffent être fignés que par la Partie même.

A R T. X.

Que tout Avocat qui aura figné des Confultations & des Ecritures ou Mémoires, qui décéleront une ignorance groffière, foit privé de fa place, fauf à fe préfenter aux concours deux ans après.

Ces Avocats ne feront fans doute pas des ignorans, mais des gens, qui, pour gagner de l'argent, foutiennent indiftincte-ment toutes les opinions, même les plus abfurdes. De telles gens font le fléau de la fociété, & furtout des plaideurs. La Juftice doit les punir comme des fourbes qui ne cherchent qu'à la tromper, & qui verroient avec plaifir tous les hommes s'égorger, s'ils pouvoient efpérer de recueillir leurs dépouilles. Les Avocats, quoi qu'en puiffent dire quelques-uns d'entre eux, ne doivent fe charger que des caufes qui leur femblent bonnes ou au moins douteufes & les plus belles de leurs fonctions, ce font celles d'arbitre & de pacificateur.

A R T. X I.

Que les Avocats ne puiffent refufer aux Parties qui en demanderont, des récépiffés des pièces qui leur auront été confiées, & qu'ils foient tenus de mettre leur reçu *, au bas de leurs Confultations, Écritures & Mémoires , & de donner quittance des fommes qui leur auront été payées pour les plaidoieries.

Il feroit à défirer qu'on pût faire pour les Avocats comme pour les autres Officiers de Juftice, un tarif général duquel ils ne puffent jamais s'écarter ; mais la nature de leur travail eft trop variable pour que leurs honoraires puiffent être fixés par des régles immuables & uniformes. Tel mémoire qui ne contieudra que 20 pages d'impreffion aura exigé dix fois plus de recherches & de méditation que tel autre qui contient 40 pages , fans néanmoins renfermer rien d'inutile & qui puiffe être retranché. Il faut donc, jufqu'à un certain point , s'en rapporter à la confcience des Avocats, en prenant toutefois des précautions pour empêcher qu'ils n'abufent de la liberté qu'on leur laiffera.

SECTION CINQUIEME.

Des devoirs & fonctions des Huiffiers.

A R T. Ier.

Que tout Huiffier fe conduife avec douceur & honnèteté à l'égard des Parties contre qui il exploitera.

A R T. II.

Que tout Huiffier foit tenu de réfider dans le lieu où fera établi le Tribunal , auquel il fera atta-

---

* Eft-il plus honteux de donner un reçu que de recevoir ?

éhé , ou au moins dans le territoire de ce Tribunal.

A R T. I I I.

Que les Huissiers des Bailliages puissent exploi-
ter dans toute la Province , & ceux des Cours du
Roi dans tout le Royaume ; que néanmoins le coût
des exploits ne passe en taxe que comme s'ils
avoient été faits par un Huissier du Bailliage , dans
le territoire duquel l'exploit sera posé , sauf à la
Partie qui aura employé un Huissier d'un Tribunal
plus éloigné à payer l'excédent.

A R T. I V.

Que les Huissiers d'un Tribunal quelconque aient
seuls le droit de signifier & mettre à exécution les
jugemens de ce Tribunal, dans la Ville où il sera
établi, & dans la banlieue.

A R T. V.

Qu'à peine de 30 livres d'amende pour la première fois , 60 livres pour la seconde, applicable,
moitié à la partie qui se plaindra, & moitié à la
caisse générale des aumônes , & de privation de
l'Office pour la troisième fois , tout Huissier soit
tenu d'écrire correctement & très-lisiblement, tant
les originaux des exploits que les copies qu'ils dé-
livreront desdits exploits & autres actes. Que l'écriture soit censée n'être pas assez lisible , lorsque les
Juges ne pourront la lire qu'avec peine.

Ce qu'on vient de propofer, ce ne font que les devoirs généraux des Huiffiers, les autres feront particuliérement détaillés
au chapitre des ajournemens.

A R T. V I.

Que lorfqu'un exploit fera nul par la faute d'un
Huiffier, il foit condamné envers la Partie aux
dommages intérêts réfultant de cette nullité.

A P P E N D I C E.

Maniere de faire la réforme.

Les plans qu'on a propofés ci-deffus paroîtront
peut-être pouvoir s'exécuter facilement, après que
la réforme aura été entièrement confommée. Mais
comment s'opérera cette réforme? Comment former
tout-à-coup vingt une Cours Souveraines & plus
de deux cens Bailliages ? Qui eft-ce qui examinera
les mœurs & la capacité de plus de cinq mille perfonnes qui doivent les compofer ? N'eft-il pas à
craindre que tant de Tribunaux formés à la hâte,
ne fe trouvent remplis d'Officiers qui faffent regretter l'ancien état des chofes ? D'ailleurs, dans
ce changement ou ce bouleverfement univerfel,
que deviendront les caufes & les procès actuellement pendans dans les Tribunaux ? En voulant
fervir utilement les plaideurs futurs, ne portera-t-
on pas un préjudice peut-être irréparable à tous

ceux qui maintenant follicitent fi humblement les décifions d'une trop lente juftice ?

On va préfenter des projets, dont l'objet eft de prévenir tous ces inconvéniens. L'Auteur a-t-il atteint le but qu'il s'étoit propofé ? Il n'ofe s'en flatter, mais il efpère que tout Lecteur impartial conviendra qu'au moins il a fait tous fes effors pour y parvenir, & qu'en prenant la plume il n'a eü d'autre vue que de fervir fa patrie.

Cet Appendice fera partagé en deux chapitres. Dans le premier, on indiquera les moyens de former les nouveaux Tribunaux. Dans le fecond, on préfentera un plan de procédure provifoire, pour expédier les caufes & procès actuellement exiftans.

CHAPITRE PREMIER.

Formation des nouveaux Tribunaux.

A R T. Ier.

Que dans la huitaine du jour, où dans chaque nouvelle Province aura été lue & publiée l'Ordonnance de réforme, les perfonnes qui défireront obtenir des Offices de Confeillers dans les nouvelles Cours Souveraines, le déclarent à M. le Chancelier ou Garde des Sceaux, par une fimple lettre (ou mémoire) qu'ils auront fait enregiftrer à la pofte, & à laquelle ils joindront des pièces qui juftifient qu'ils fe font fait enrôlés volontaire-
ment

ment * dans la Garde Nationale, que depuis l'âge de vingt - cinq ans ils ont exercé les fonctions de Juges pendant dix ans, dans une Cour Souveraine, ou pendant vingt ans dans un Bailliage ou Sénéchauffée, ou la profession d'Avocat pendant vingtcinq ans dans une Cour Souveraine.

Où se fera cette publication ? D'abord dans l'Assemblée Nationale, ensuite dans toutes les Assemblées Municipales, au prône des messes paroissiales & dans les principales places de toutes les villes & bourgs du Royaume.

A R T. I I.

Que cette déclaration contienne les noms, surnoms & qualités de celui qui l'aura faite ; qu'elle indique les lieux où il aura demeuré pendant les cinq dernieres années, les divers Tribunaux auxquels il aura été successivement attaché, & ceux dans lesquels il desire être placé.

Qu'on puisse déclarer qu'on desire être placé dans telle Cour subsidiairement, dans telle autre ou dans tel ou tel Bailliage.

A R T. I I I.

Aussi-tôt que toutes les déclarations auront été

---

* C'est le vœu de plusieurs Districts de Paris, & ce sera probablement celui de toute la France ; ainsi & lors du premier concours, & lors de ceux qui s'ouvriront dans la suite, il sera bon d'exiger ce certificat d'enrôlement. Celui qui craint d'exposer sa vie pour la Patrie pourra bien être tenté d'en sacrifier les intérêts pour peu qu'ils se trouvent opposés aux siens.

H

reçues , ou que le délai dans lequel elles auroient
dû l'être , fera expiré , qu'il foit fait des liftes de
tous ceux qui auront requis des Offices ; que ces
liftes contiennent leurs noms , furnoms , qualités
& leurs demeures pendant les cinq dernières années , le nom des Tribunaux auxquels ils auront
été fucceffivement attachés , & ceux des Tribunaux
dans lefquels ils défirent être placés ; que ces liftes
foient inférées dans les papiers publics, qu'elles
foient imprimées & affichées , au moins dans les
places de la principale Ville de chaque nouvelle
Province.

A r t. V I.

Un mois (ou fix femaines) après la publication
de ces liftes , qu'on place , fi faire fe peut , chacun
des afpirans fur la lifte des Officiers du Tribunal
qu'il a indiqué , mais qu'on ne puiffe donner à qui
que ce foit un autre Office que celui qu'il aura
demandé.

A r t. V.

S'il fe préfente plufieurs perfonnes pour un
même Office de Confeiller , que l'on préfère ,
1°. les Magiftrats , qui depuis vingt ans (à compter
de leur majorité , exerçoient leurs fonctions dans
le Tribunal fupérieur ordinaire des lieux où feront
établies les nouvelles Cours , 2°. ceux qui depuis
vingt ans exerçoient leurs fonctions dans un des
Tribunaux Supérieurs d'exception , qui compre-
noient dans leur reffort la Ville où fera établie la
nouvelle Cour ; 3°. ceux qui exerçoient leurs fonctions depuis dix ans dans le Tribunal Supérieur

ordinaire des lieux ; 4o. ceux qui depuis le même temps exerçoient leurs fonctions dans un des Tribunaux supérieurs d'exception desdits lieux ; 5°. ceux qui depuis dix ans exerçoient leurs fonctions dans un Tribunal supérieur ordinaire quelconque ; 7°. ceux qui depuis vingt ans exerçoient leurs fonctions dans un Bailliage ; & toutes choses égales, que l'on préfère les plus âgés, ceux qui font domiciliés dans les Provinces, & sur-tout ceux qui font mariés.

A R T. VI.

Aussi-tôt que cette distribution aura été faite, & qu'elle aura été rendue publique, que ceux qui désireront obtenir des places de Conseillers dans les Bailliages, le déclarent en la manière indiquée ci-dessus, à M. le Chancelier ou Garde de Sceaux, & qu'à leur déclaration ils joignent des pièces qui justifient qu'ils ont exercé les fonctions de Juges pendant cinq ans, dans une Cour Souveraine, ou pendant dix ans dans un Baillage, ou qu'ils ont exercé la profession d'Avocat ou Procureur pendant quinze ans dans une Cour, ou pendant vingt ans dans un Bailliage.

A R T. VII.

La distribution des Offices étant faite, que les Cours qui se trouveront complettes choisissent, par la voie du scrutin, les Présidens (autres que le Premier Président) parmi leurs Membres ; que les Bailliages complets choisissent également leurs Présidens ou Lieutenans Généraux.

H 2

A r t. V I I I.

S'il refte des Offices de Confeillers (foit des Cours ou des Bailliages) vacans, qu'ils foient propofés au concours en la manière indiquée par le plan général.

A r t. I X.

Quand le nombre des Confeillers des Cours & des Bailliages fera complet, qu'il foit procédé au choix des Avocats Généraux & Avocats du Roi, par la voix du concours, en la manière indiquée par le plan général.

A r t. X.

Que dans la diftribution des Offices on traite les Greffiers (vulgairement appellés Commis Greffiers) comme des Confeillers & les Subftituts du Procureur-Général dans les Cours, comme s'ils euffent été Avocats du Roi dans les Bailliages.

A r t. X I.

Que tous les Avocats & Procureurs exerçant leur profeffion depuis dix ans dans une Cour, ou depuis vingt dans un Bailliage, puiffent fe faire infcrire fur le tableau des Avocats d'une Cour Souveraine, & dans le cas où l'on exigeroit un prêt, que les Avocats exerçans depuis dix ans en foient exempts.

A R T. X I I.

Que tous les Avocats & Procureurs exerçant leur profession depuis cinq ans dans une Cour, ou depuis dix ans dans un Bailliage, puissent se faire inscrire sur le tableau des Avocats d'un Bailliage.

A R T. X I I I.

Que dans toute Cour où il se trouvera moins de vingt cinq Avocats, il soit proposé au concours autant de places qu'il en faudra pour completer ce nombre ; de maniere cependant qu'il n'y ait pas moins de dix places qui soient proposées au concours ; ensuite que chaque année, de deux places vacantes, une seule soit mise au concours, & l'autre supprimée, jusqu'à ce que le nombre des Avocats exerçans leurs fonctions depuis moins de vingt-cinq ans, se trouve réduit à 25 (ou 20.)

A R T. X I V.

Que dans tout Bailliage où il se trouvera moins de six Avocats, ce nombre soit completé par la voie du Concours, de manière cependant qu'il n'y soit pas proposé moins de deux places;& dans le cas où il y auroit plus de six Avocats, qu'au moins une place soit proposée au Concours ; que dans la suite de deux places vacantes, une seule soit supprimée & l'autre donnée au Concours jusqu'a ce que le nombre des Avocats exerçans, depuis moins de vingt-cinq ans, se trouve réduit à six.

H 3

Art. XV.

Qu'il foit fait une lifte de tous les Huiffiers Royaux exerçans depuis dix ans qui defireront avoir des places ou Offices ; qu'on les diftribue également dans chaque nouvelle Province & enfuite dans chaque Bailliage, en les plaçant de préférence auprès des Cours. 1º. Ceux qui étoient ci-devant attachés à des Cours ; 2º. ceux qui exerçoient depuis vingt ans ; & que dans l'un & l'autre cas on ait égard au domicile actuel de ces Officiers, de manière que la grace qu'on leur accorde ne foit point illufoire ; s'il refte des places vacantes qu'elles foient données au Concours, & s'il n'en refte pas, qu'il en foit propofé de cette manière deux dans chaque Cour & une dans chaque Bailliage, fauf à réduire enfuite, ainfi qu'il eft indiqué ci-deffus.

Art. XVI.

Dans le cas où pour obtenir des Offices de Con-feillers d'une Cour Souveraine il fe préfenteroit moins de fept perfonnes, de la qualité prefcrite par l'article premier de ce chapitre, que celles qui fe feront préfentées & à qui des Offices auront été accordés fe réuniffent aux Officiers de la Cour de Juftice la plus voifine & la moins complette pour procéder conjointement avec eux à l'examen des Candidats qui fe préfenteront au concours pour les Offices de l'une ou de l'autre Cour.

Alors les deux concours s'ouvriroient auprès de la même Cour, & quelque mauvaife volonté que puffent avoir les anciens Magiſtrats, il eſt bien difficile de croire que parmi eux il ne ſe trouveroit pas au moins cinquante ou ſoixante bons Citoyens qui pourroient-être les Juges de quatre ou cinq concours établis en divers endroits du Royaume. Auſſitôt qu'une Cour feroit formée, les Magiſtrats qui doivent la compoſer ſe rendroient dans leur Province & y ouvriroint les concours pour les autres offices.

A r t. XVII.

Quinzaine après leur élection , que les Candidats élus ſe rendent dans la Ville où ſera établi le nouveau Tribunal qu'ils doivent compoſer , & que huitaine après ſe faſſe l'ouverture des Audiences de ce Tribunal , à l'exception néanmoins des Cours dont les Audiences ne s'ouvriront qu'après que tous les Bailliages de leur reſſort auront été formés.

Les Magiſtrats des Cours étant Juges des concours ne pourroient gueres tenir audience avant que ces concours ne fuſſent terminés.

CHAPITRE SECOND.

Plan proviſoire d'Adminiſtration de la Juſtice , juſqu'à ce que les nouveaux Tribunaux ſoient entiérement formés.

A r t i c l e P r e m i e r.

Que les Tribunaux actuellement exiſtans ſoient conſervés juſqu'à ce que les nouveaux ſoient formés.

A R T. I I.

Qu'il ne foit plus permis d'affigner devant les Tribunaux actuels que pour les matières provifoires ou fommaires.

A R T. I I I.

Que l'inftruction & le jugement de toute caufe non provifoire ou non fommaire dans laquelle il n'aura point été fourni de défenfes lors de la publication de l'Ordonnance de réforme, foient fufpendus, & que rien de ce qui aura été fait contre la difpofition du préfent article ne paffe en taxe.

A R T. I V.

Que dans les Bailliages l'inftruction des procès par écrit foit fufpendue, mais que ceux dont l'inftruction fe trouvera finie, foient jugés.

A R T. V.

Que dans les Cours l'inftruction & le jugement de toute inftance ou procès par écrit dans lequel aucune des parties n'aura produit, lors de ladite publication, foient fufpendus.

A R T. V I.

Qu'il foit fait quatre rôles ; le premier des caufes

proviſoires ou ſommaires, le ſecond des appointemens ſommaires, le troiſième des cauſes ordinaires (*). & le 4e, des inſtances ou procès par
écrit.

ART. VII.

Que dans trois jours après la publication de la
nouvelle ordonnance , les cauſes , inſtances &
procès ſoient inſcrits ſur les rôles qui leur con-
viendront pour être jugés à leur tour ; et que
ledit délai paſſé , il ne puiſſe plus être mis ſur
les rôles que des cauſes ſommaires ou proviſoires
& des appointemens ſommaires. Que les parties
elles-mêmes , ſi elles le veulent , puiſſent faire
faire cet enregiſtrement.

ART. VIII.

Que dans l'inſcription ou enregiſtrement des
cauſes ſommaires ou proviſoires on ſuive l'ordre
des échéances des exploits ; pour les cauſes ordinaires, la date de la ſignification des défenſes ;
pour les appointemens ſommaires , la date de la
ſignification de l'appointement, & enfin à l'égard
des inſtances , ou procès par écrit, qu'on inſcrive
ſur le rôle 1°. Ceux dans leſquels il aura été
fourni de contredits , ſelon la date de la ſignification deſdits contredits ; 2°. Ceux où toutes les
parties auront produit , 3°. Ceux où une ſeule
partie aura produit.

---

* Dans les Cours ont pourroit faire deux rôles pour les cauſes
ordinaires, ſavoir le grand rôle pour les cauſes majeures & le petit
rôle pour les cauſes de moindre importance.

A R T. I X.

Lorſque le tour d'une cauſe quelconque viendra, s'il ne ſe préſente perſonne , qu'elle ſoit rayée du rôle & ne puiſſe plus y être miſe à moins qu'elle n'ait pour objet qu'un proviſoire.

A R T. X.

S'il ne ſe préſente qu'une ſeule partie , qu'il ſoit donné défaut ou congé , ſelon le cas , ſi les demandes de la partie préſente paroiſſent bien fondées.

A R T. X I.

Lorſque le tour d'un appointement ſommaire ou d'une inſtance ou procès par écrit viendra , qu'il ſoit jugé ſur ce qui ſe trouvera entre les mains du rapporteur , & que celui-ci ne puiſſe refuſer de faire ſon rapport ſous quelque prétexte que ce ſoit , ſous peine de ſix livres d'amende pour chaque jour, envers chacune des parties ; & en cas qu'elles ne la requièrent point , que cette amende ſoit appliquée aux pauvres.

A l'égard des inſtances ſujetes à communication aux gens du Roi , elles pourroient être inſcrites ſur un rôle particulier ; & au ſurplus on ſuivroit ce qui eſt indiqué ci-deſſus.

A R T. X I I.

Que dans les Bailliages toutes les cauſes &

inſtances puiſſent être jugées par un ſeul Juge ; (*)
que dans les Cours les cauſes & appointemens
ſommaires & proviſoires puiſſent être jugées par
trois Juges , & les autres cauſes & inſtances par
dix Juges.

ART. XIII.

Que les Juges qui ne ſeront point Juges de
Concours , ou qui ne ſe feront point fait inſcrire
ſur une des liſtes des Candidats ou concurrens ,
ne puiſſent s'abſenter du Tribunal auquel il ſont
attachés , avant que les nouveaux Tribunaux ne
ſoient formés , à peine de 6 liv. d'amende pour
chaque jour dans les Bailliages & de 12 liv. dans
les Cours pendant la première huitaine , du double
pendant la ſeconde , du quadruple pendant la troiſième & ainſi de ſuite. A l'égard des Juges de Concours qu'ils ne s'abſentent du Tribunal que lorſqu'il
ſera néceſſaire de partir pour ſe rendre au lieu où
ſera établi le Concours. Quant aux Magiſtrats qui
ſeroient du nombre des Candidats , qu'il leur ſoit
permis de s'abſenter auſſitôt qu'aura été publiée la
liſte générale des Candidats.

ART. XIV.

Qu'aucune démiſſion ne ſoit acceptée , juſqu'à
ce que les nouveaux Tribunaux ſoient ouverts.

ART. XV.

Dans le cas où un Tribunal entier ceſſeroit ſes

---

* Cela ſe pratique actuellement puiſqu'il eſt des Bailliages où
il n'y a qu'un Juge.

fonctions, que tous les membres qui le compoſeront ſoient tenus de ſortir de France dans l'eſpace de trois mois avec tous ceux de leurs effets qu'il leur plaira emporter, à peine d'être pourſuivis & traités comme ennemis publics.

Tout homme à qui un Gouvernement déplaît, doit avoir la faculté de ſortir du pays ſoumis à ce Gouvernement, & il eſt de l'équité de lui laiſſer emporter ſes biens.

A R T. X V I.

Dans le cas où un Bailliage ſe trouveroit entièrement vacant, que deux Gradués choiſis par tous les gradués domiciliés dans le reſſort de ce Bailliage, y exercent, l'un les fonctions de Juge, & l'autre celles de Procureur ou Avocat du Roi, juſqu'à l'ouverture des nouveaux Bailliages.

Actuellement quand un Juge eſt abſent, il eſt remplacé par le plus ancien gradué, & à défaut de gradués par le plus ancien praticien. Mais ce plus ancien gradué ou praticien ne peut-il pas être d'un âge trop avancé, & par conſéquent peu propre à faire rendre aux parties *une prompte & briève juſtice ?*

Voici comment ſe feroit l'élection que nous propoſons. Le Préſident de la Municipalité, Maire de Ville, ou autre perſonne ſe trouvant en quelque ſorte le Chef de la Ville où ſeroit établi le Bailliage actuel, indiqueroit un jour où tous les Gradués âgés de 25 ans accomplis & domiciliés dans le reſſort de Bailliage, pourroient s'aſſembler dans l'Auditoire de ce Bailliage. Ce Maire de Ville ou autre aſſiſté d'un Secrétaire par lui choiſi, préſideroit juſqu'à ce que l'Aſſemblée fut formée : quand elle le feroit, elle ſe choiſiroit, ſi elle le vouloit, un Préſident & un Secrétaire, & enſuite elle éliroit trois gradués âgés de vingt cinq ans, autres que ceux qui ſe propoſeroient de ſe préſenter aux concours ou d'être du nombre des Juges deſd. concours. Ces trois élus choiſiroient l'un d'entre eux pour exercer l'office dont il s'agiroit, & en cas que les ſuffrages fuſſent partagés,

le fort décideroit entre eux. Les deux autres feroient fuppléans ;
c'eft-à-dire, deftinés à le remplacer, lorfqu'il ne pourroit faire
fes fonctions, dans ce cas le plus âgé feroit préféré.

On choifiroit de la même maniere le Procureur ou Avocat
du Roi.

ART. XVII.

Dans le cas où il refteroit moins de dix Juges
dans une des Cours Souveraines actuellement exif-
tantes que ce nombre foit completé par des Gradués
âgés de trente ans, choifis parmi tous les Gradués
domiciliés dans le reffort de cette Cour.

Le choix fe feroit en la maniere indiquée en la note précédente. L'Affemblée, jufqu'à ce qu'elle fut formée, feroit préfidée
par un des Magiftrats de la Cour dont il s'agiroit, affifte d'un
Greffier ou Secrétaire par lui choifi, & à défaut de Magiftrats
de cette Cour, par un des Membres de la Commiffion Intermédiaire des Etats de la Province s'ils étoient déja formés,
finon par le Maire de la Ville ou autre Officier de ce genre.

En cas qu'il n'y eut pas d'Avocats - Généraux, ils feroient
choifis même de la maniere.

ART. XVIII.

Que jufqu'à l'ouverture des nouveaux Tribunaux, il y ait dans les Baillages actuels audience
pour les plaidoieries quatre fois par femaine, & deux
fois pour les rapports des délibérés & des inftances;
lefquels fe feront dans l'Auditoire, portes ouvertes.

ART. XIX.

Que dans les Cours il y ait chaque jour une Audience pour les caufes du grand rôle , une pour celles du petit rôle , & deux pour les rapports des délibérés & des inftances ; qu'en outre il y ait dans trois chambres particulières des Audiences pour les caufes fommaires & provifoires & pour le rapport des appointemens fommaires.

Depuis fix heures du matin jufqu'à huit , on pourroit s'occuper du rapport des inftanecs cu procès par écrit ; depuis huit jufqu'à neuf on plaideroit & jugeroit les caufes du petit rôle. Entre 9 & 10 heures on feroit le rapport de quelque délibéré. Depuis dix jufqu'à onze on plaideroit les caufes du grand rôle depuis onze heures & demie jufqu'à une heure , neuf Confeillers iroient dans trois chambres différentes tenir trois audiences pour les caufes provifoires , & fommaire & pour le rapport des appointemens fommaires. Tout ce qu'on vient de dire pourroit s'obferver au Chatelet de Paris, & dans les Bailliages & Sénéchauffées furchargés d'affaires.

ART. XX.

Que les Juges opinent à haute voix , & qu'en prononçant le jugement, celui qui préfidera, en énonce les motifs; que ces motifs , ainfi que le difpofitif du jugement, foient écrits fur le champ par le Greffier , fous la dictée du Juge auquel ledit Greffier le fera figner auffi-tôt.

ABT. XXI.

Lofque les nouveaux Tribunaux feront formés &

ouverts, qu'on y renvoie 1°. Les caufes ordinaires dans lefquelles il n'aura point été fourni de défenfes. 2°. Les inftances ou procès par écrit nés depuis la publication de la réforme, ou dont l'inftruction avoit été fufpendue : à l'égard des autres caufes & inftances, que la connoiffance en appartienne aux Bailliages & Cours établis dans les Villes où exiftoient les Tribunaux devant lefquels ces caufes & inftances étoient pendantes, à moins que toutes les parties n'en demandent le renvoi dans le nouveau Tribunal qui naturellement devroit en connoître.

Art. XXII.

Qu'au jugement de ces caufes & inftances, inf-truites felon l'ancienne méthode, foient deftinées dans les nouveaux Baillages deux audiences chaque fe-maine, & deux chaque jour dans les Cours jufqu'à que toutes ces caufes & inftances foient terminées par un jugement définitif.

Art. XXII.

Que pour payement des dépens & frais acceffoires dûs pour les caufes & inftances dont il eft parlé dans les articles précédens, & pour les autres anciennes caufes & inftances, les parties puiffent, pendant l'efpace de deux ans être pourfuivies devant le Bailliage ou la Cour établis dans la Ville où exiftoit l'ancien Tribunal, dans lequel ces caufes & inftances ont été inftruites.

AUTRE PLAN,

Probablement inutile.

D A N S le cas où le plan de réforme qu'on propofe feroit adopté , ne pourroit-il pas furvenir
des obftacles propres à en arrêter l'exécution ?
Ne pourroit-il pas fe faire que tous les Tribunaux
fubfiftans actuellement dans le Royaume , ceffaf-
fent tous enfemble leurs fonctions, qu'aucun ou prefque aucun ancien Magiftrat ne voulut prendre place
dans les nouveaux Tribunaux , qu'aucun ancien
Avocat ou Procureur ne voulut être Juge des Concours ; qu'aucun Magiftrat moderne , aucun
Avocat ou Procureur exerçant fa profeffion depuis cinq ou fix ans ne voulut fe préfenter au
Concours , enfin qu'aucun Officier de juftice quelconque , aucun Avocat ne voulut coopérer en
aucune manière à l'exécution de la réforme pro-
pofée & qu'on fuppofe cependant admife &
admife par la Majorité des fuffrages de l'Affemblée
Nationale ? Cette hypothefe eft fans doute abfurde ,
mais qu'importe ? Regardons-la comme poffible ,
& voyons comment on pourroit parvenir à faire
exécuter ce que le plus grand nombre des Citoyens
auroit voulu & ordonné.

ART. PREM.

Art. Premier.

S'il ne se présente aucun ancien Magistrat pour les Offices d'une nouvelle Cour , que tous les Magistrats, Avocats , & Procureurs, agés de trente ans, qui désireront se fixer dans le ressort de cetteCour s'assemblent dans la Ville où elle doit être établie & choisissent douze d'entr'eux pour être Conseillers dans ladite Cour , en conséquence Juges Magistrats du Concours, & que tous ceux d'entr'eux qui se proposeront d'exercer simplement la profession d'Avocat , puissent être Juges du Concours comme Avocats.

On se rappelle que nous avons proposé de choisir les douze Juges du concours, moitié parmi les Magistrats & moitié parmi les Avocats ou Procureurs.

Art. II.

Si l'Assemblée est composé de moins de trente-six Personnes , qu'elle n'en puisse choisir qu'une à raison de trois ; & dans le cas où le nombre des élus seroit moins de sept, qu'ils se réunissent à ceux d'une des Provinces voisines dans lequel il aura été élu moins de douze personnes ; que ce soit la moindre partie qui aille se joindre à la plus grande.

Art. III.

Dans le cas des deux articles précédens , qu'on admette au Concours tout Citoyens âgé de trente ans , & de mœurs irréprochables ; si tous les concur-

I

rens fe trouvent trop foibles, qu'ils foient rejettés.

Mieux vaut attendre longtems de bons Juges, que d'en avoir fur le champ de mauvais.

ART. IV.

Dans le cas où l'on ne pourroit parvenir dans l'efpace d'un an ou fix mois à compofer les Tribunaux d'une Province d'Officiers d'une capacité fuffifante, que les Municipalités & Commiffions intermédiaires des Affemblées Provinciales connoiffentprovifoirement de toutes lesconteftations qni s'élèveront entre lesCitoyens, & que leur jugementfoit définitif, fi les parties y confentent; que la même difpofition ait lieu dans le cas où un Tribunal auroit ceffé fes fonctions fans qu'on pût trouver de gradués ou praticiens dignes de les exercer.

Voilà ce qui fera former promptement des Tribunaux. On ne fera pas tenté de refufer, lorfqu'on aura lieu de craindre que les refus ne foient acceptés.

ART. V.

Dans le cas où quelque Tribunal ou quelque particulier feroit convaincu d'avoir par menaces ou autrement, empêché quelque Citoyen honnête d'accepterou s'efforcer d'obtenir un office ou place dans un nouveau Tribunal, que le coupable foit condamné à fortir de France fous huitaine; s'il prétendoit n'être pas en état de prendre la pofte, foit à caufe de fa mauvaife fanté, ou de fon indigence, dans le premier cas qu'il foit gardé à vue même

conftitué prifonnier jufqu'à ce que fa fanté foit ré-
tablie ; dans le fecond qu'il foit confié au brigadier
de la Maréchauffée, qui le conduiront dans une
voiture jufqu'aux Frontieres, & que fur la route il
foit nourri & traité d'une manière qui lui faffe
regretter le Gouvernement fous lequel il s'eft
montré indigne de vivre.

Si néanmoins c'étoit quelqu'un de ces miférables que depuis
un an l'on foudoye pour exciter du tumulte, on fent que cette
difpofition ne devroit point avoir lieu. Alors il conviendroit de
l'envoyer lui & fon inftigateur, quel qu'il fût, uni par d'autres
liens que ceux de l'amitié, fervir la Patrie fur terre ou fur mer.

Qu'on fonge toujours que nous parlons de l'exécution, non pas de notre plan, mais d'un plan
devenu celui de la Patrie, exécution à laquelle
par conféquent tout Citoyen devroit s'empreffer
de concourir, ce plan eut-il été préfenté à la
Patrie, par le dernier & le plus méprifable des
hommes.

ÉT AT de ce que pourroient coûter à la Nation les appointemens des divers Officiers attachés aux Tribunaux de Justice proprement dits.

ARTICLE PREMIER.

Pour les Cours Souveraines.

Qu'il soit attribué à chaque premier Président de Cour du Roi dix mille livres d'appointemens , ce qui fera pour vingt-un premiers Présidens   210,000

A chaque Président ordinaire desdites Cours cinq mille livres , ce qui fera pour quarante-deux Présidens   210,000

         420,000

A chaque Conseiller trois mille livres
Pour cinq cens quatre Conseillers   1,512,000

A chaque Conseillers-Secrétaires trois mille l. d'appointemens & autant pour les gages de leurs commis & frais du Greffe ou Secrétariat , ce qui fait pour quarante-deux Conseillers-Secrétaires   252,000

A chaque Procureur ou premier Avocat-Général six mille livres.

Pour vingt-un Procureurs ou premiers Avocats Généraux.   126,000

A chaque Avocat-Général quatre mille livres , ce qui fait pour quatre-vingt-quatre Avocats-Généraux.   336,000

A chaque Buvetier ou Concierge trois mille l.;
tant pour lui que pour ſes garçons ; ce qui fait
pour vingt-un Buvetiers ou Concierges.　　　63,000

D'après les appointemens aſſez conſidérables,
dont on vient de donner une indication , il paroît
juſte de charger les divers Officiers dont on vient
de faire l'énumération des diverſes dépenſes né-
ceſſaires , par exemple de la fourniture du bois ,
de la bougie & autres objets & même des menues
réparations de l'auditoire.

　　　　　　　　　　　　　　　　　　2,709,000

A R T. I I.

Pour les Bailliages.

A chaque Préſident ou Lieutenant-Général de
Bailliage trois mille livres; ce qui fait pour deux
cent dix Préſidens　　　　　　　　　630,000

A chaque Conſeiller quinze cens livres , ce qui
fait pour huit cens quarante Conſeillers　　1,260,000

De plus à chaque Conſeiller-Secrétaire pour les
frais du Greffe quinze cens livres , ce qui fait
pour deux cens dix Conſeillers-Secrétaires.　　315,020

A chaque Procureur ou premier Avocat du Roi
deux mille cinq cens livres , ce qui fait pour deux
cens dix Procureurs ou premiers Avocats du Roi　525,000

A chaque Avocat du Roi deux mille livres , ce
qui fait pour qnatre cens vingt　　　　　840,000

Au Concierge ou Buvetier quinze cens livres ,
ainſi pour deux cens dix Concierges ou Buvetiers.　315,000

Total.　　　　　　　　　　　　　3,885,000 .

Art. III.

Les actes que feront les Huiffiers leur feront payés ; néanmoins afin que le coût de ces actes puiffe être fixé à un prix peu onéreux aux Pauvres Citoyens qui ne peuvent pas toujours éviter les procès , & comme d'ailleurs les Huiffiers feront aftreints à un fervice perfonnel dans la Salle d'Audience & au parquet des Gens du Roi , il me femble jufte de leur attribuer des appointemens ; en conféquence , je propofe d'attribuer aux Huiffiers des Cours , fix cens livres d'appointemens & quatre cens livres à ceux des Bailliages , ce qui fera pour deux cent dix Huiffiers de Cours la fomme de   126,000

Et pour douze cens foixante Huiffiers de Bailliages celle de   504,000

  630,000

On fuppofe qu'il n'y aura point de premier Huiffier , & que tous les Huiffiers en feront alternativemenr les fonctions.

Art. IV.

Il ne femble pas qu'on doive attribuer aucuns appointemens aux Avocats. Cependant afin qu'ils puiffent vaquer plus librement à la défenfe des intérêts des pauvres , & en même tems pour faciliter aux bons & laborieux Citoyens que la fortune n'a point favorifés le moyen d'entrer au barreau , & de parvenir enfuite à rendre à la Patrie dans un rang plus élevé des fervices diftingués , je ferois d'avis qu'une modique penfion leur fût accordée; ce feroit en quelque forte une bourfe qu'ils obtiendroient dans le féminaire de la Juftice ; car on fe rappelle que, felon notre plan, les Avocats doivent former une pépinière de Magiftrats, & il n'importe pas moins à la Nation d'avoir de bons Juges que de bons Prêtres.

Ceux qui jouiroient d'une fortune aifée pourroient ne poinr accepter cette penfion qui feroit pour ceux qui la recevroient, & un fecours utile & une récompenfe honorable. On pourroit n'accorder eette penfion qu'aux Avocats des Bailliages qu'on doit feuls regarder comme les novices de l'Ordre Juridique.

Selon notre projet il ne doit y avoir que fix places d'Avocats dans chaque Bailliage & par conféquent, 1260 dans les 210 Bailliages. En fixant à 600 livres, la penfion qu'on leur attribueroit, il en coûteroit a la Nation 126000.

De ces fix Avocats trois feroient tenus alternativement de donner une fois par femaine des confultations gratuites aux pauvres.

Chacun d'eux en outre donneroit à fon tour des leçons publiques de droit François; ce qui lui fourniroit néceffairement l'occafion d'être utile à fes Concitoyens, & de fe faire connoître.

Ces penfions d'ailleurs pourroient n'être accordées que pour cinq ans, & après l'expiration de ce tems elles cefferoient de plein droit, fauf, lorfqu'un nouveau fujet auroit été reçu, à revivre en fa faveur pendant cinq ans, ou jufqu'à ce qu'il eut été pourvu d'un autre office ou place.

A R T. V.

Récapitulation des dépenses.

Article Premier	2,709,000
Art. I I.	3,885,000
Art. I I I.	630,000
Art. I V.	126 000
	7,350,000

Il est vrai que selon notre plan les Magistrats qui auront exercé leurs fonctions pendant un certain tems, pourront se retirer avec partie de leurs appointemens, mais ce ne sera jamais un objet très-considérable, & ce seroit certainement l'évaluer trop que de le porter annuellement à un million.

Ainsi la dépense que nous proposons pourroit être en tout de 8 à 9 millions par an. Si cette dépense paroît excessive, qu'on veuille bien songer à ce qui en tient lieu actuellement.

La seconde partie est sous presse.

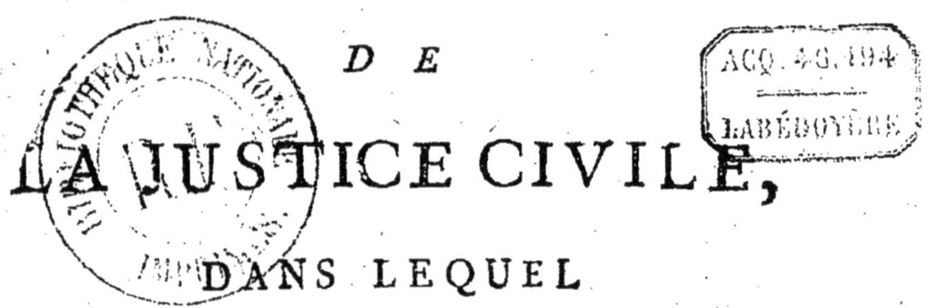

SUITE
DU NOUVEAU·PLAN
D'ADMINISTRATION
DE
LA JUSTICE CIVILE,
DANS LEQUEL

On propose des moyens d'assurer au mérite seul tous les Offices ou Places de Judicature, d'accélérer le Jugement des Procès, & d'en diminuer les frais.

A PARIS,

Chez **CAILLEAU**, Imprimeur-Libraire, rue Galande, N°. 64.

1789.

SECONDE PARTIE.

De la procédure.

CETTE partie eſt ſans doute bien intéreſſante. Il s'y agit de réformer des abus que plus d'une fois on a tenté de réprimer. Mais ſemblables à un chêne, dont le tronc a ſuccombé ſous la cognée du Bucheron, ils ſe ſont reproduits avec plus de vigueur & d'étendue, & ont formé, pour ainſi dire, une forêt impénétrable qui obſtrue les avenues du Temple de la Juſtice & répand au loin une ombre pernicieuſe qui étouffe les moiſſons.

Que ſerviroit de couper ces énormes rejettons, rivaux de leur père ? Bientôt de leur ſouche féconde s'éleveroit une nouvelle forêt plus nuiſible encore que la première. Ce n'eſt donc point aſſez d'abatrre ces vaſtes coloſſes, il faut en extirper juſqu'aux moindres racines. Il faut que découvert à tous les regards le Temple dont nous parlons ſerve lui même, pour ainſi dire, de fanal à ceux qui veulent y parvenir.

Pour renverſer les arbres touffus qui maſquent ce Temple, pour trancher les racines noueuſes & exorbitantes qui ſouvent occaſionnent la chute des malheureux voyageurs qui errent dans cette Forêt Noire, innacceſſible aux rayons du Soleil, il faut ſans doute des forces bien ſupérieures aux miennes. Eh ! bien, j'eſſayerai du moins d'extirper les buiſſons malfaiſans qui déchirent, & quelquefois retien-

K

nent captifs ceux qui paſſent auprès d'eux. Entrons en matière.

Lorſqu'un Citoyen a quelque demande à former contre un autre, il eſt naturel que celui-ci en ſoit inſtruit, qu'il ſache devant quel Juge on veut le traduire & quel jour il faudra qu'il paroiſſe devant ſon Tribunal. De là, la néceſſité des ajournemens qui feront l'objet du Chapitre premier de cette Partie.

Lorſque le délai de l'ajournement eſt expiré, la cauſe doit être plaidée. Mais comme ordinairement il ſe trouve pluſieurs cauſes en état d'être plaidées, il faut que l'une ſoit préférée à l'autre; ce qui néceſſite un reglement que l'on propoſera dans un Chapitre qui aura pour titre; *De l'Admiſſion à l'Audience.*

Quand une cauſe eſt portée à l'Audience, elle doit être inſtruite de part & d'autre. Pour faciliter l'expédition des procès, il eſt abſolument néceſſaire que cette inſtruction ſoit aſſujétie à des règles certaines : on en indiquera dans le troiſième Chapitre.

Après qu'une cauſe a été plaidée il peut ſe faire qu'elle ne ſoit pas en état d'être jugée ſur le champ, ſoit par ce qu'il y a des pièces qu'il importe aux Juges de voir par eux-mêmes, ſoit parce que la matière n'eſt pas ſuffiſamment éclaircie. Ces deux cas feront l'objet du quatrième Chapitre.

Qnaud l'affaire eſt parfaitement inſtruite il faut la juger & aſſurer l'exécution du jugement; il en ſera traité dans le cinquième Chapitre.

Si l'une des parties eſt mécontente du jugement qui a été rendu contr'elle, il eſt juſte qu'en certains cas elle puiſſe ſe pourvoir contre ce jugement &, s'il y a lieu, en obtenir un ſecond qui l'anéantiſſe.

Mais comme le bon ordre exige qu'on respecte tout jugement émané d'un Tribunal légal, pour concilier ce respect avec l'équité, il faut qu'on ne puisse attaquer un Jugement qu'avec certaines précautions & d'une manière indiquée par la Loi. Ce sera l'objet du sixième chapitre.

Enfin, dans un septième Chapitre on proposera un projet de taxe de dépens.

CHAPITRE PREMIER.

Des Ajournemens & Significations.

DANS ce chapitre on se propose principalement de détruire à jamais un abus qui depuis long-tems excite inutilement la juste réclamation des plaideurs. Presque tous le monde se plaint que les exploits parviennent rarement aux personnes auxquelles ils sont destinés & que même on prend quelquefois des précautions pour qu'ils ne leur parviennent point.

Qu'arrive-t-il ensuite ? On obtient un défaut qu'on fait juger & signifier à la partie, de la même manière que l'exploit. Cette partie ne satisfait point à un jugement qu'elle ne connoît pas & dont même elle ne se doute pas. On saisit tous ses biens ; l'horrible Chicane agite ses serpens : l'encre coule, des monceaux de papier en sont inondés, & une famille entière se trouve réduite à la mendicité. Ce n'est point là une exagération. Tout le monde presque peut en attester la vérité. Ces indi-

gnités sont connues de la plupart des Magistrats &
cependant ils les souffrent !....

Les moyens qu'on va propoſer pour anéantir
l'abus dont-il s'agit, ſont ſi ſimples, qu'il eſt inconcevable qu'on ne les ait pas encore employés. Il
faut l'avouer, l'adminiſtration de la Juſtice eſt en
arrière de trois ſiècles de toute autre adminiſtration.

On ne ſe contentera point de parler ici des
exploits d'ajournement, on propoſera auſſi ce qui
peut-être relatif aux autres ſortes d'exploits, afin
de n'être point obligé de ſe répéter.

ARTICLE PREMIER.

Que tous exploits d'ajournement aux Bailliages
(& ſi l'on veut aux petites ou grandes Municipalités
& aux Juriſdictions Conſulaires) ſoient faits ſans
aucune commiſſion ni mandement, lorſque la partie
aſſignée ſera domiciliée dans l'intérieur du Royaume
(ou plutôt de la Province).

L'Ordonnance de 1667, tit. 2, art. 2, preſcrit à peu-près
la même choſe, & cependant uniquement pour faire des frais
& gagner de l'argent, les Procureurs de la plupart des Bailliages ne manquent pas de préſenter requête afin d'obtenir per-
miſſion d'aſſigner ; les Juges ſe prêtent à cette exaction, &
ne s'en croient pas moins honnêtes gens.

ART. II.

* Qu'ils ſoient libellés , & contiennent les conclu-

---

* Ordonnance 1667. tit. 2 , art. 1.

fions & fommairement les moyens de la demande
& élection de domicile pour le demandeur dans la
Ville où fera établi le Tribunal devant lequel l'a-
journement fera fait, *à peine de nullité & de 30 liv.
d'amende contre l'huiffier*, applicable moitié à la partie
affignée & l'autre moitié à la caiffe générale des
fecours ou aumônes : lorfqu'une partie n'exigera
point fa part de l'amende, que cette part accroiffe
à ladite caiffe générale.

L'amende contre l'Huiffier eft abfolument néceffaire pour
affurer l'exécution de cet article.

ART. III.

Qu'*à peine de nullité*, il foit donné copie fur la
même feuille ou cahier defdits exploits & des pièces
fur lefquelles la demande eft fondée ou des extraits,
fi elles font trop longues.

C'eft ce que prefcrit l'Ordonnance de 1667, tit. 2, art. 6.
On ajoute ici la peine de nullité, parce qu'en France il faut
des peines pour faire exécuter une loi, encore fe joue-t-on
quelque fois & de la peine, & de la loi, & du Légiflateur.

ART. IV.

Que dans tous exploits d'ajournement & autres
& dans la copie defdits exploits tout Huiffier déclare
1°. l'année, le mois, le jour & l'heure auxquels
lefdits exploits feront faits, 2°. les nom, furnom,
qualité & domicile de la partie, à la requête de laquelle ils feront faits ; 3°. le nom & furnom dudit
Huiffier, fa demeure & la Jurifdiction où il eft

immatriculé ; 4°. le nom de la partie affignée,
fa demeure ou le lieu où lui aura été donnée copie
de l'exploit ; 5°. le nom, la qualité & la demeure
de la perfonne à qui ladite copie aura été remife,
à peine de nullité & de 30 liv. d'amende contre
l'Huiffier, applicable comme ci deffus.

A R T. V.

*Qu'en outre, *à peine de nullité & de pareille amende,*
tout Huiffier foit tenu de faire vifer, dater & figner
l'original de *tout* exploit par l'Affigné ou fa femme
ou l'un de fes enfans pubères à qui il en laiffera
copie, fignée de lui, & contenant mention de la
perfonne à qui elle aura été laiffée & dans le cas
où l'exploit feroit vifé par une perfonne autre que
celle qu'elle auroit dit être, qu'elle puiffe être pour-
fuivie extraordinairement & que l'huiffier foit
condamné à l'amende ci-deffus indiquée, fauf à
fubir une plus grande peine, dans le cas où il fe
trouveroit complice du faux.

A R T. V I.

Si l'Huiffier ne trouve au domicile de l'affigné
aucune des perfonnes indiquées ci-deffus, ou fi elles
ne peuvent ou ne veulent figner, que dans les Villes
il faffe vifer, dater & figner l'original & la copie
de l'exploit par deux des plus proches voifins qu'il
charge a d'en avertir l'affigné, & que le même jour
il en remette la copie au Secrétaire de la Paroiffe

---

* Article général & nouveau.

du District ou à son Commis par lequel il fera également
ment viſer, dater & ſigner l'original, laquelle
copie contiendra le détail de tout ce qui ſe fera
paſſé. Dans les Villages, lorſque l'aſſigné, ſa
femme ou ſes enfans feront abſens, ou ne voudront
ou ne pourront ſigner, que l'Huiſſier puiſſe s'a-
dreſſer directement au Greffier ou Sécrétaire dudit
Village, & en cas d'abſence au Syndic ou au Curé,
ou ſon Vicaire ou au Maître d'école, en faiſant toutesfois viſer, dater & ſigner l'original de l'exploit
par celui à qui il en remettra la copie, lequel fera
tenu de la donner à l'aſſigné le plutôt qu'il ſe
pourra, & celui-ci lui en donnera ſon reçu ; en cas
que l'Aſſigné ne ſache pas ſigner, ladite remiſe
pourra lui être faite en préſence de deux témoins
qui ſachent ſigner.

A R T. V I I.

Dans les Villes que le Secrétaire du District
tienne regiſtre de tous les exploits qu'il recevra.
Lorſque l'aſſigné ſe préſentera pour retirer la copie
de l'exploit, que le Secrétaire ou ſon Commis la
lui remette, après lui avoir fait ſigner ſur le regiſtre
ſa décharge. En cas que celui qui ſe préſentera ſoit
inconnu au Secrétaire ou qu'il ne ſache ſigner,
qu'il puiſſe faire conſtater par deux perſonnes domiciliées dans le District qu'il eſt véritablement celui
qu'il dit-être, ou bien qu'il puiſſe prendre ou faire
prendre copie de la copie de l'exploit, & s'il le
juge à propos, faire ſigner cette nouvelle copie par
le Secrétaire ou ſon Commis ; lequel Secrétaire ou
Commis ne pourra rien exiger, ni même recevoir

de l'affigné , à peine de reftitution du quadruple &,
de dépofition.

Les précautions qu'on indique paroîtront peut-être génantes,
mais que l'on confidere donc combien les a rendues néceffaires
la multiplicité des fraudes commifes en cette partie. Que l'on
réfléchiffe combien il eft important que les exploits parviennent exactement à ceux à qui ils font deftinés. Chacun fa-
chant que lorfqu'il eft abfent , la copie des exploits qu'on
doit lui fignifier eft dépofée chez le Secrétaire de fon quartier,
pourra très facilement les recevoir tous , quand même fes voifins ne lui donneroient à cet égard aucun avis. D'ailleurs ce
qu'on indique ici s'exécute en grande partie à la pofte ; lorfqu'il s'agit de la remife d'une fomme qui excede fix livres ;
eft-il prefque un feul exploit dont l'omiffion ne puiffe occafionner des frais bien fupérieurs à la fomme de 6. l. ?

On n'objectera pas fans doute que les Huiffiers ont ferment
en juftice , & qu'en conféquence il faut s'en rapporter à leur
témoignage. Autrefois le ferment étoit la plus fûre des cautions,
aujourd'hui c'eft la plus foible fûreté qu'on puiffe fe procurer ,
ou pour parler plus jufte , ce n'eft plus qu'un acte dérifoire.
Oui, il faut le dire à la honte de notre fiecle , le parjure n'eft
plus aujourd'hui qu'un jeu & j'ai entendu des gens fe vanter
de ceux qu'ils avoient faits ou fait faire.

Enfin ce qu'on propofe fe pratique auffi à l'égard des
oppofitions qu'on fait faire entre les mains des Notaires. Il eft
vrai que dans ce cas les exploits coûtent plus cher. Mais
augmenter le prix des vacations des Huiffiers & les aftreindre à remplir fidelement leurs fonctions , n'eft-ce pas faire
un véritable gain ? car n'eft-ce pas perdre que de donner
quelque chofe pour *rien* ? & l'on peut appeller *rien* la fignification qu'on fait maintenant de la plupart des exploits.

Comment pour fept ou huit fols une lettre qui vient de 60
lieues eft-elle rendue fidélement à fa deftination, tandis que
pour une vingtaine de fols (non - compris le contrôle) un
exploit fort fouvent n'eft pas remis à celui qui réfide dans le
lieu même où demeure l'Huiffier chargé de le lui fignifier ?
Tout fe perfectionne, & il n'y a que l'Adminiftration de la
Juftice qui fe déprave, de plus en plus , & cependant eft-il rien
qu'il importe plus aux Citoyens de voir bien diriger,

ART. VIII.

Que nul exploit ne puisse être donné avant cinq (ou six) heures du matin, & après neuf-heures du soir, depuis le premier Avril jusqu'au premier Octobre ; ni avant sept (ou huit) heures du matin, & après six (ou sept) heures du soir, depuis le premier Octobre jusqu'au premier Avril.

ART. IX.

Qu'aucun exploit ne puisse être fait les jours où le travail public sera interdit, si ce n'est pour cause très-urgente, ou s'il n'est donné à une Communauté d'habitans.

ART. X.

Que tout Huissier soit tenu de mettre au bas de l'original, des exploits, les sommes qu'il aura reçues, à peine de 30 livres d'amende applicables, comme il est dit plus haut, & qu'à peine de restitution du quadruple, il ne puisse rien exiger au delà de ce qui aura été déterminé par le tarif arrêté par l'Assemblée Nationale, & en cas de récidive qu'il soit privé de son Office.

ART. XI.

Que les étrangers qui seront hors du Royaume, soient ajournés en insérant copie de l'exploit, dans la Gazette de France, (ou autre papier public) &

qu'en ce cas l'Huissier soit seulement tenu de remettre la copie dudit exploit au Commis du Gazetier ou à la Poste à celui du Bureau d'affranchissement des lettres, avec charge de la faire passer au Gazetier, lequel Commis du Gazetier ou de la Poste visera, datera & signera l'original de l'exploit, & le Gazetier, aussi-tôt qu'il en aura reçu la copie, sera tenu de l'insérer dans sa feuille.

Art. XII.

A l'égard des François ou étrangers, domiciliés dans les Colonies Françoises, que l'on seroit dans le cas de faire assigner devant un Tribunal établi dans l'intérieur du Royaume, qu'avant de pouvoir les faire assigner, on soit tenu de s'adresser à ce Tribunal, qui, après avoir entendu le demandeur & sur les conclusions *motivées* du Ministère public, accordera ou refusera la permission de faire assigner; en cas de refus le demandeur pourra se pourvoir par appel à la Cour du Roi (ou autre Tribunal Souverain) où il fera intimer le Ministere public seul.

On pourroit étendre cette disposition au cas où il s'agiroit d'ajourner un Citoyen devant un Tribunal situé dans une autre Prov. que celle où il a son domicile. Il est des plaideurs qui élevent des contestations qui n'ont pas le moindre fondement, & par là troublent la tranquillité des Citoyens éloignés d'eux de plus de cent lieues. On objectera peut-être qu'il est de règle que le demandeur assigne le défendeur devant le Juge du lieu où celui-ci est domicilié. Mais il est plusieurs cas où l'on est forcé de s'écarter de cette règle, tel est celui du recours en garantie.

ART. XIII.

Si la sentence ou l'arrêt permettent d'assigner, que copie de l'exploit soit donnée au Bureau de la Poste, en la manière indiquée en l'article onzième de ce Chapitre, pour être envoyée au Secrétaire de la Commiffion intermédiaire de l'Affemblée Provinciale de la Colonie, lequel la fera paffer au Secrétaire de la Municipalité du lieu où l'affigné aura fon domicile ou fa demeure & ce dernier la lui fera fignifier par un Huiffier du lieu, lequel donnera cette copie à l'affigné & lui donnera en outre copie de l'exploit de fignification de ladite copie, duquel exploit de fignification, il fera vifer, dater & figner l'original par l'affigné, on fe conformera à ce qui eft indiqué par l'article 6. Que cet original foit remis au Secrétaire de la Municipalité ; lequel le remettra au Bureau de la Poste du lieu s'il y en a, ou le renverra au Secrétaire de la Commiffion intermédiaire de l'Affemblée Provinciale, & celui-ci le fera paffer en France pour être remis à celui à la requête de qui l'exploit aura été donné au domicile indiqué par l'exploit.

Dans le cas de cet Article le demandeur feroit tenu d'affranchir le port de la lettre jufqu'au lieu deftiné à l'embarquement & de payer auSecrétaire de la grande Municipalité du lieu où il demeureroit le montant des frais que pourroit occafionner dans la colonie l'ajournement dont il s'agit en prenant le plus haut degré du tarif, & le Secrétaire mettroit fon reçu fur l'original de l'exploit ; le Greffier de la Municipalité ou de la Commiffion intermédiaire des États de la Colonie mettroit pareillement fur l'original de l'exploit de fignification le montant des frais qui auroient été faits, & en

eas que le montant de ces frais fut inférieur à la fomme avan-
cée par le demandeur, le Greffier lui en rembourferoit l'excédent.

On fuppofe, comme on le voit, que toutes les Municipalités
ne formeroiênt qu'une feule chaîne, qui uniroit tous les François.

A R T.   X I V.

Que ceux qui n'ont point de domicile connu
foient affignés au Secretariat de la petite Munici-
palite du lieu où aura été leur dernier domicile
connu ; & en cas qu'on ne leur ait jamais connu
de domicile, qu'ils foient affignés au Secretariat
de la grande Municipalité du lieu où fera établi le
Tribunal devant lequel l'ajournement fera fait, &
dans l'un & l'autre cas, après avoir vérifié que la
partie affignée n'eft point comprife au rôle des
impofitions de fon département & qu'elle n'eft point
non plus fur le regiftre des perfonnes qui féjournent
actuellement dans ledit département, que le Secrétaire de la grande ou petite Municipalité, ou fon
Commis, vife, date & figne l'original de l'exploit
& l'enregiftre, & qu'il l'infcrive enfuite fur un
tableau placé dans le Secretariat ou à la porte dudit
Secretariat.

A R T.   X V.

Si dans la huitaine perfonne ne fe préfente
pour retirer l'exploit, qu'il foit publié à fon de
trompe, dans le principal marché & un jour où il
tiendra, & que le lendemain copie ou extrait dudit
exploit foit inféré dans les papiers publics, qu'il
foit même permis à la partie de faire imprimer à fes
frais, des exemplaires de cet exploit & de les faire

afficher, si bon lui semble, dans toutes les places
du Royaume.

ART. XVI.

Lorsqu'un exploit d'ajournement aura été donné
à la personne même de l'Assigné ou à sa femme, ou
à l'un de ses enfans pubères & qu'il sera visé, daté
& signé par eux, que pour les matières ordinaires
le délai soit de huitaine, si l'assigné est domicilié
dans l'étendu du Bailliage devant lequel il sera
ajourné, sinon qu'à la huitaine il soit ajouté deux
jours par dix lieues : que pour les matières sommaires ou provisoires, le délai ne soit que de trois
jours, en ajoutant seulement un jour par dix lieues,
si l'assigné est domicilié hors du territoire du
Bailliage.

ART. XVII.

Lorsque l'exploit d'ajournement n'aura pas été
donné à la personne même de l'assigné, ou à sa
femme ou à l'un de ses enfans pubères, que les
délais soient augmentés de moitié, tant pour
les matières ordinaires que pour les matières
sommaires.

ART. XVIII.

Dans le cas des articles 11 & 13 du présent
Chapitre, que les délais soient augmentés de deux
jours, à raison de 10 lieues par terre & de 20 lieues
par mer, pourvu qu'il ne s'agisse point de matières
provisoires ou requérant célérité, auquel cas les
délais ne seront point augmentés, sauf à statuer seulement provisoirement.

ART. XIX.

Dans le cas des articles 14 & 15 que les délais
soient augmentés de huit jours, s'il s'agit de matières
ordinaires & non provisoires.

ART. XX.

* Que ceux qui demeurent dans des Chateaux &
Maisons fortes soient tenus d'élire domicile en la
Ville la plus prochaine & d'en faire enregistrer
l'acte au Secretariat de la Municipalité de cette
Ville : sinon que les exploits qui leur seront donnés
en ce Secretariat soient valables.

ART. XXI.

Que tous exploits de signification qui se feront
dans le cours d'une instance soient faits au domicile
élu pour cet effet par les parties, en parlant soit à
la partie elle-même, sa femme ou l'un de ses
enfans pubères, ou à la personne chez qui l'élection de domicile aura été faite & en faisant viser
l'original, dater l'année, le mois, le jour &
l'heure de la signification, & signer le tout par celui
à qui la copie sera remise, & dans le cas où l'une
des parties assignées n'auroit point élu domicile
& notifié aux autres, cette élection, que les significations puissent lui être faites au Bureau des
Huissiers.

---

* Ordonnance de 1667, tit. 2, art. 15.

ART. XXII.

Que tout exploit de fignification qui fe fera dans le cours d'une inftance ou trois jours après le jugement, ne paffe en taxe que comme s'il avoit été fait au Bureau des Huifliers du Tribunal où l'inftance aura été pendante.

On pourroit porter au bureau des Huifliers ce qu'on auroit à fignifier à fa partie adverfe & celle-ci iroit le prendre en mettant fon *reçu copie* fur l'original ; cela pourroit épargner des frais.

ART. XXIII.

Que dans les délais des affignations & procédures ne foient compris les jours des fignifications des exploits & autres actes, ni les jours auxquels écherront les affignations, à moins que le contraire ne foit expreffément ordonné par la Loi.

ART. XXIV.

Que tous les jours, même les Dimanches & les fêtes folemnelles & autres jours de vacance, foient fomptés fans interruption, pour former l'efpace du délai, de manière cependant, que, fi le délai échet un jour de fête ou de vacance, il fe trouve naturellement prolongé jufqu'au premier jour d'Audience.

---

* Ordonnance de 1667, tit. 3, art. 6.

ART. XXV.

Que les exploits de figuification puiſſent ſe faire en donnant ſimplement copie des pièces ſignifiées & en faiſant donner un récépiſſé par la partie à laquelle elles le feront ; & que leſdites ſignifications puiſſent être faites par les parties mêmes.

Que l'inconvénient y auroit il à permettre aux parties mêmes d'ajourner leurs adverſaires ? L'unique objet des ajournemens eſt que la partie ajournée ſache qu'on forme contre elle telle demande pour telle raiſon, & qu'elle doit paroître tel jour devant tel Juge. Pourvu que cet objet ſe trouve parfaitement rempli, qu'importe de quelle maniere il le ſoit ? Ne faut-il pas préferer la voie que les parties trouveront la moins onéreuſe ; c'eſt pour le Public & non pas pour eux mêmes que les Officiers ſont établis, et par conſéquent leur miniſtère ne doit être employé qu'autant que les parties le veulent. Mais juſqu'à préſent les Officiers Publics n'ont été en quelque ſorte que des Fermiers d'impôts indirects.

ART. XXVI.

* Que tout exploit d'ajournement, qui contiendra quelque demande relative à la propriété d'un héritage ou à quelques droits impoſés ſur cet héritage, contienne exactement les tenans & les aboutiſſans de ces héritages, & l'indication de la Ville, Village ou Hameau où il eſt ſitué, enſorte que le défendeur ne puiſſe ignorer pour quel héritage il eſt aſſigné.

* Ordonnance de 1667, tit. 9, art. 3.

ART. XXVII.

A R T. XXVII.

S'il s'agit d'une demande en retrait lignager ou
autre retrait quelconque, qu'on obferve ce qui eft
indiqué ci-deffus & qu'en outre l'exploit contienne
des offres du prix de l'acquifition, mais que ces
offres puiffent-être faites de telle manière que bon
femblera, pourvu que ce foit d'une manière intelligible; fi l'on avoit omis de faire des offres, que
l'exploit foit nul, mais qu'il puiffe être recom-
mencé.

CHAPITRÉS SECOND ET TROISIEME.

De l'Admiffion à l'Audience & de l'inftruction ordinaire.

QUAND les délais de l'ajournement font échus,
il femble tout fimple que les parties fe préfentent
à l'audience, & que chacune y expofe fes moyens;
c'eft ce qui fe pratique dans les Jurifdictions
Confulaires.

Voyons d'abord ce qui fe fait à cet égard dans les
autres Jurifdictions & nous propoferons enfuite ce
que nous croyons pouvoir être fait.

Quand le délai de l'ajournement eft échu, chaque partie a encore ordinairement la moitié de ce
délai pour fe préfenter au greffe.

Après que ce nouveau délai eft expiré, fi l'une des
Parties n'a pas comparu, l'autre prend défaut ou

congé, felon le cas ; c'eft-à dire défaut, fi elle eft demandereffe, & congé, fi elle eft défendereffe. Pour éviter tout embarras, je me fervirait feulement du mot *défaut* qui fera mieux entendu de tout le monde.

Ce défaut s'appelle, *défaut, faute de fe préfenter*. autrement, *de comparoir*.

Quand ce défaut eft pris, il faut encore attendre huitaine pour le faire juger. Cette dernière huitaine expirée, on peut enfin obtenir jugement par défaut, fi perfonne ne comparoit. On n'entrera point ici dans le détail des frais qu'il faut faire pour parvenir à obtenir un jugement par défaut.

Si toutes les parties ont comparu avant l'expiration des délais, il faut que le défendeur fourniffe de défenfes à la demande formée contre lui, finon, le demandeur prend contre lui un *défaut faute de défendre*, & le lui fait fignifier. Ce défaut devroit pouvoir être jugé dàns la huitaine, mais par l'effet de condefcendances réciproques des Procureurs, il eft rare qu'il le foit.

Si le défendeur fournit de défenfes, ordinairement le demandeur y répond par des écritures plus ou moins étendues. Comme ces défenfes & autres écritures fe payent à raifon du nombre des rôles, on conçoit qu'elles n'ont pas toujours le mérite de la précifion. Car comment chercheroit on à refferrer fes idées, tandis qu'en les noyant dans un déluge de mots, on s'épargne de la peine & l'on augmente en même-tems fon gain ?

Trois jours après que les défenfes font fournies, on peut porter la caufe à l'Audience, & lorfqu'elle eft appellée, fi l'une des parties ne comparoit point ou refufe de plaider, l'autre partie peut obtenir un défaut faute de plaider. Si au contraire toutes les parties comparoiffent, alors, commencent les plaidoyeries, c'eft-à dire, la feule inftruction dont les Juges ayent connoiffance ; car tout ce qui s'écrit dans les caufes qui fe plaident, n'eft deftiné qu'à inftruire les défenfeurs des parties, défenfeurs, qui, très-fouvent ne fe donnent pas la peine de lire toutes ces écritures. (Et ils n'ont pas toujours tort).

Ainfi l'on peut dire que toute caufe offre deux combats ; l'un néceffaire, qui fe livre à l'audience, en préfence des Juges & du public, entre les défenfeurs des parties ; l'autre inutile, qui n'a lieu que dans l'ombre entre les Procureurs des parties ou leurs Clercs.

Puifque j'ai commencé à m'expliquer fur ces écritures, il faut continuer & ne rien cacher.

Le défendeur fournit, comme on l'a dit, des défenfes ; ces défenfes fe font en groffe & font plus ou moins étendues, felon les facultés du client, ou la nature de l'affaire, ou la délicateffe du Procureur. Le demandeur répond à ces défenfes en quinze, vingt, trente & quarante rôles & quelquefois plus. Le défendeur réplique à ces réponfes avec plus ou moins de prolixité.

Ces écritures ne font quelquefois que les copies des plaidoyers des Avocats, que ceux-ci prêtent aux Procureurs, quelquefois au contraire ce font les plaidoyers qui ne font que les copies des requêtes ; fouvent les écritures & les plaidoyers font également originaux ; mais dans tous les cas on peut dire qu'ils forment un double emploi.

Le feul cas où les requêtes paffent fous les yeux des Juges, c'eft lorfqu'ils ordonnent un délibéré ;

mais alors on joint au fac le plaidoyer de l'Avocat
ou un mémoire qui difpenfe de lire les requêtes.
Ainfi l'on peut dire que ces écritures ne fervent
ordinairement qu'à occuper & enrichir le Procureur. Je ne m'arrêterai pas à obferver que toutes
ces écritures ont ordinairement beaucoup plus d'é-
tendue qu'elles ne devroient avoir, foit parce qu'elles
font trop diffufes, foit parcequ'elles ne font prefque
jamais groffoyées d'une manière convenable (en
voit-on beaucoup dont chaque page contiènne 20
à 22 lignes & chaque ligne 7 à huit fyllables ?)

Ajoutons que ces écritures font ordinairement
faites fort précipitamment, par les Clercs des Pro-
cnreurs ou par d'autres perfonnes auxquelles ils
donnent une rétribution fi modique qu'elles ne
peuvent vivre qu'en faifant chaque jour un très-
grand nombre de rôles. Sept fous & demi font,
dit-on, le prix ordinaire du rôle pour celui qui le
fait & le refte (comme en tout c'eft l'ufage) eft
pour celui qui ne le fait pas & qui ne fe donne
pas même la peine de le lire; car 7 fous 6 den.
font le prix des habiles gens dont l'ouvrage n'a pas
befoin d'être revu. Quant aux autres le prix varie
depuis trois fous, dit-on, jufqu'à la fomme de
fept fous fix deniers.

Voila ce qui fe pratique de la part des défenfeurs
des parties; mais ce n'eft pas toute. On fait qu'il
n'eft pas toujours facile d'obtenir Audience, &
fans fe livrer à aucune déclamation, ne feroit-on
pas fondé à dire que l'audience pourroit-être
accordée d'une manière plus équitable qu'elle ne
l'eft ordinairement ? De malheureux plaideurs fans
protection la follicitent, cette Audience, pendant
plufieurs années, tandis qu'on entend quelquefois,

dans des Tribunaux furchargés d'affaires, plaider des caufes qui ne viennent que de naître. Ce font là des faits très faciles à vérifier. Quand on plaide une caufe, on rend compte des faits & des procédures, & l'on manque rarement de citer l'époque à laquelle a été donné l'exploit introductif de la demande. Ainfi, après avoir fuivi les Audiences pendant quelque tems, on eft en état de porter un Jugement fain fur ce que nous venons de dire.

C'eft ce dernier abus que l'on fe propofe de réformer, ou fi l'on veut, de prévenir, dans le Chapitre qui a pour titre *De l'Admiffion à l'Audience*. Quant aux autres abus dont on vient de parler, on penfe que ce qui eft indiqué par ce Chapitre & par celui de *l'inftruction ordinaire*, peut y remédier efficacement.

ARTICLE PREMIER.

Que le premier Huiffier, ou autre faifant fes fonctions, ait un regiftre fur lequel, à l'expiration du délai de l'ajournement, le demandeur ou fon fondé de pouvoir pourra faire infcrire la caufe par ledit Huiffier, en lui repréfentant l'original de l'exploit.

Un Avocat infcrit fur le tableau & porteur de l'exploit feroit cenfé avoir un pouvoir fuffifant.

ART. II.

Que cette infcription contienne la date du jour où elle eft faite, les nom & furnom du demandeur, la date de l'exploit de demande, le nom de l'Huiffier qui a donné cet exploit, la Jurifdiction

où cet Huissier est immatriculé, les nom & demeure
de l'assigné, le nom de la personne à qui la copie
de l'exploit aura été remise & qui en aura visé
l'original, la date de l'échéance de l'assignation,
le nom de la personne qui comparoit; qu'ensuite
la partie ou son fondé de pouvoir signe l'inscription
& que l'Huissier lui en délivre copie signée de lui ;
qu'en marge de cette copie ainsi que du registre,
soit indiqué le jour où la cause sera appellée à
l'audience des instructions, pour être ensuite placee
sur le rôle qui conviendra.

A r t. I I I.

Que le jour où la cause sera appellée à l'audience des instruction, soit le troisième après l'inscription, pour les matières ordinaires, & le jour
même de l'inscription, pour les matières provisoires.

Pour éviter toute confusion, l'Huissier pourroit avoir deux
registres, l'un pour les causes ordinaires, l'autre pour les
causes provisoires.
Ce délai de trois jours qu'on propose d'accorder, a pour
objet de donner aux parties le tems de consulter des Avocats ou
même de conférer ensemble pour se concilier.

A r t. I V.

Si dans les trois jours, ou dans le jour de l'échéance
de l'assignation, selon la distinction faite dans l'article précédent, le demandeur ne comparoît point
& ne fait point inscrire la cause, que le défendeur,
après avoir élu domicile dans la Ville où sera le
Tribunal devant lequel il est ajourné soit en sa
maison, s'il demeure dans cette Ville, ou en celle

d'un Avocat ou autre perſonne, ou au Bureau
des Huiſſiers, puiſſe, en repréſentant la copie de
l'exploit d'aſſignation, faire inſcrire la cauſe pour
être appellée le jour même à l'audience des inſtruc_
tions & être placée ſur le rôle qu'il appartiendra.

Art. V.

Que l'inſcription qui ſera faite à la requête du
défendeur contienne ſes nom & ſurnom, le nom
de la perſonne par laquelle il comparoit, l'indication de la maiſon, de la rue & de la Paroiſſe où
il fait élection de domicile (dans la Ville où ſe
trouvera établi le Tribunal) les nom & ſurnom du
demandeur & des autres parties, s'il y en a, la
date de l'exploit de demande, le nom de l'Huiſſier
qui l'aura fait, la Juriſdiction où il eſt immatriculé
& la mention de la repréſentation dudit exploit ;
qu'enfin ladite inſcription ſoit ſignée par celui
qui l'aura requiſe & que l'Huiſſier qui l'aura faite
lui en délivre copie comme ci deſſus.

E X T R A I T du Regiſtre d'Inſcription des cauſes
ordinaires (ou proviſoires) du Bailliage de....

Au 27 Juillet 1789. Aujourd'hui 24 Juillet 1789 eſt
comparu N..... (mettre ici ſi c'eſt la partie ou ſon fondé
de pouvoir) demandeur aux fins de l'exploit du... fait
par... Huiſſier au Bailliage (ou en la Cour) de... reçu
& viſé par... à nous repréſenté par ledit... & dont le
délai eſt expiré le...

Contre... Défendeur demeurant à... & a ledit N. ſigné.
Signé.., Huiſſier au Bailliage (ou en la Cour) de...

Si c'eft le défendeur qui fait infcrire la caufe, l'infcription fera ainfi conçue.

Au 28 Juillet 1789. Aujourd'hui 28. Juillet 1789 eft comparu N. Défendeur pour lequel domicile eft élu en fa maifon (ou en celle de...) fituée en cette Ville, rûe... Paroiffe... N°... (s'il y en a) Contre N... demandeur aux fins de l'exploit du... fait par... Huiffier.... dont le dit.. Nous a repréfenté la copie duement fignée dudit Huiffier & dont le délai eft expiré le.. (Il faudra que l'Huiffier ait foin de ne faire cette infcription & la précédente qu'autant que les divers délais ci deffus indiqués feront expirés) & a ledit.... figné. Signé... Huif-fier au Bailliage (ou en la Cour) de...

A r t. V I.

Lorfqu'une caufe ne fera infcrite fur le regiftre que trois jours ou un jour après l'expiration des délais de l'affignation, felon la diftinction faite en l'article 3, qu'elle puiffe être appellée le jour même à l'audience des inftructions.

A r t. V I I.

Qu'il foit permis aux parties, lorfqu'elles feront d'accord, à cet égard, de faire enregiftrer leur caufe fur le regiftre d'infcription, avant que les délais de l'affignation foient échus, mais qu'en ce cas l'infcription foit fignée des deux parties, ou de leurs fondés de pouvoirs.

A R T. V I I I.

Que chaque jour d'Audience, à l'ouverture de celle qui fera nommée *Audience des inſtructions*, l'Huiſſier appelle toutes les cauſes qui feront enregiſtrées ſur le regiſtre ou les regiſtres d'inſcription & dont le jour d'appel fera venu, en commençant par les plus anciennes. Si perſonne ne ſe préſente à l'appel de la première, qu'il appelle la ſeconde & ainſi de ſuite.

Alors n'auront plus de prétexte les plaintes ſcandaleuſes de certains plaideurs qui prétendent que l'or ſeul ouvre la porte des Tribunaux. Alors plus d'injuſtes préférences n'exciteront les murmures du pauvre arraché à ſes travaux. La cauſe la plus ancienne fera toujours plaidée la première, quelles que ſoient les parties qui figurent ; preſque auſſi-tôt que les délais d'une aſſignation feront écoulés, on pourra connaître à peu près dans quel tems la cauſe fera plaidée & ſi l'on veut a plaider ſoi même ou l'entendre plaider, on ne fera pas obligé d'interrompre longtems ſes occupations ordinaires.

A R T. IX.

Lorſqu'une cauſe fera appellée, les parties, ou celle qui fera préſente, indiqueront ſommairement (*en une phraſe, ou deux tout au plus*) de quelle nature eſt la cauſe, ſi elle eſt ſuſceptible de communication au miniſtère public & ſur quel rôle elles deſirent que cette cauſe ſoit placée, & le Juge décidera conformément à leur deſir.

A R T. X.

Qu'il y ait trois ſortes de rôles, les uns pour les

caufes ordinaires , les autres pour les caufes majeures, un autre enfin pour les caufes fommaires, provifoires ou d'inftruction.

Il pourroit y avoir dans les Cours trois rôles de la premiere efpece, c'eft-a-dire pour les caufes ordinaires qui fe plaideroient à 7 ou 8 heures du matin, favoir, le rôle des lundis & jeudis, celui des mardis & vendredis & celui des mercredis & famedis ; fix pour les caufes majeures qui fe plaideroient de huitaine en huitaine à 9 ou 10 heures du matin. A l'égard des caufes fommaires, provifoires ou d'inftruction, on pourroit établir pour les Juges, plufieurs chambres compofées de trois Juges feulement qui donneroient audience chacune tous les jours , à l'iffue de la grande Audience. L'appel des caufes à mettre au rôle fe feroit fpécialement à l'une de ces chambres ; quant aux autres affaires provifoires ou fommaires, elles fe diftribueroient également entre ces chambres (Il ne s'agit ici que des caufes civiles).

Dans les Bailliages il pourroit y avoir chaque femaine trois jours d'Audience deftinés aux matieres civiles , tels, par exemple, que les mardis , jeudis & famedis. Il n'y auroit qu'un rôle pour les caufes ordinaires, trois pour les caufes majeures & un pour les caufes fommaires , provifoires & d'inftruction ; on pourroit même accorder audience tous les jours pour cette derniere efpece de caufe.

A r t. X I.

Lorfque le Juge aura décidé fur quel rôle une caufe fera mife, que l'Huiffier l'infcrive fur ce rôle & croife l'infcription qui en avoit été faite fur le regiftre, en indiquant en marge le rôle fur lequel la caufe eft mife & le numéro fous lequel elle y eft infcrite & qu'il délivre aux parties ou à celle qui le requerra, un extrait de l'enregiftrement fur le rôle, figné de lui.

A r t. XII.

Lorſque l'Huiſſier aura appellé toutes les cauſes inſcrites pour être miſes au rôle, qu'il préſente le rôle au juge & le lui faſſe arrêter & ſigner ſur le champ. (ce qui ſera obſervé tous les jours où il y aura eu quelque cauſe miſe au rôle).

Tout cela eſt bien plus ſimple que d'aller ſupplier M. A. de vouloir bien parler à M. B. afin qu'il faſſe tous ſes efforts pour déterminer M. C. à demander l'Audience à M. le premier Préſident ou à ſon Secrétaire. Selon notre plan, moyennant 12 ou 20 *jous* ou ſera quitte de tout & embarras.

A r t. XIII.

Que les rôles des cauſes ordinaires ſoient clos dans les Bailliages, un mois, & dans les Cours, deux mois avant les vacances de Pâques & celles d'Août ou Septembre, c'eſt à dire, que dans le mois ou les deux mois qui précéderont la quinzaine de Pâques, il ne puiſſe plus être inſcrit de cauſes que ſur les rôles d'été; & dans le mois ou les deux mois qui précéderont les grandes vacances, que les cauſes ne puiſſent plus être inſcrites que ſur le rôle d'hiver, ſauf cependant le cas où les rôles ne ſe trouveroient pas ſuffiſamment remplis ; alors qu'on puiſſe inſcrire ſur les rôles autant de cauſes qu'il paroîtra néceſſaire pour remplir les Audiences.

A r t. XIV.

Lorſque des cauſes placées ſur le rôle d'un ſémeſtre

n'auront pû être plaidées dans le cours de ce
fémeftre, parce qu'avant fon expiration, leur tour
ne fera point venu, qu'elles foient plaidées dans
l'autre fémeftre à des Audiences extraordinaires
qui feront accordées, s'il le faut, même pendant
les grandes vacances, de manière que quand une
caufe aura été infcrite fur un rôle. elle foit plaidée
& jugée au plus tard dans les huit mois à compter
de fon infcription, à moins qu'une des parties ne
vienne à décéder avant que la caufe foit en
état d'être jugée ou que la caufe ne foit mife en
délibéré ou appointée, ce qui n'aura lieu que dans
les cas où la caufe ne pourra être jugée fur le
champ.

Actuellement qnand une caufe mife au rôle n'a pu venir à
fon tour elle eft appointée de droit; ce qui a éré établi pour faciliter l'expédition des affaires. A-t-on atteint le but qu'on s'étoit
propofé? C'eft ce que l'on va examiner.

Une caufe eut été plaidée, fi elle eut été l'une des cinq ou fix
premieres du rôle, les plaidoieries n'euffent peut être rempli
qu'une ou deux audiences, & chaque Avocat eut reçu un louis
ou deux pour fes honoraires & peut-être moins. Mais comme
la caufe ne s'eft trouvée malheureufement que la 20 ou 30e. fur
le rôle, elle eft appointée. En conféquence chaque partie com-
mencera par produire fes pieces auxquelles elle joindra une requête de production plus ou moins longue, ou bien au lieu de
cette piece d'écriture, elle en donnera deux, l'une fous le titre
d'*avertiffement*, l'autre fous le titre d'*inventaire* où l'on copiera
à-peu-près ce qui fera dans l'*avertiffement*.

Soyons bien modérés & contentons-nous, au rifque de faire
rire, de fuppofer que l'avertiffement n'aura que trente rôles &
l'inventaire 12 ou 15.

Chaque partie contredira la production de fon adverfaire par
des écritures qui auront une certaine étendue.

Enfuite chaque partie fournira de *falvations aux contredits*
de l'autre, par conféquent au moins 3 ou 4e. piece d'écriture.

Suppofons qu'on en refte là, & ne confidérons que les pieces d'écriture d'Avocat que nous évaluerons le moins qu'il fera poffible, en prenant le tarif d'une Cour Souveraine.

    1°. Avertiffement en 30 rôles.   90 liv.
    2°. Contredits en autant de rôles.   90
    3°. Salvations en 20 rôles.   60
                                      240 liv.

Voilà 240 livres données ou plutôt cenfées * données à l'Avocat qui n'eut eu peut-être que 24 livres, fi la caufe fe fut plaidée. Nous ne parlons pas des écritures des Procureurs & de la féquelle interminable de leurs droits qui, tout petits qu'ils font, forment par leur réunion une fomme prefque égale à celle du prix des pieces d'écritures. Ainfi l'on peut dire que dans l'efpece qu'on vient de propofer, les frais, *qui paffent en taxe*, monteroient de chaque côté environ à 500 livres. Ceux qui ont eu occafion d'en faire l'épreuve, nous trouveront fans doute beaucoup trop modérés.

Ce n'eft pas tout ; l'inftruction dont on vient de parler fe fait très-rapidement quand elle fe fait dans l'efpace d'un an ; & après que tout eft fini de la part des parties, commence le travail des Secrétaires des Rapporteurs, & là-deffus nous n'avons rien à dire : notre filence fera fans doute affez expreffif.

A R T. X V.

A l'égerd du rôle de l'audience des inftructions, qu'il foit le même pour toute l'année, & que par conféquent il ne foit jamais clos, même pendant les grandes Vacances.

Les Audience ordinaires qui fe tiendront pendant les vacances ne feroient deftinées qu'aux caufes provifoires.

---

* On fait que les Avocats reçoivent bien moins de 3 livres pour chaque rôle d'écriture, le refte du petit écu paffe dans les mains de ceux qui n'en devroient rien avoir. *Sic vos non vobis mellificatis, apes.*

A R T. X V I.

Que dans la falle d'audience il y ait des tableaux ou liftes des caufes mifes aux rôles ; que l'Huiffier infcrive fur ces liftes les caufes à mefure qu'elles feront mifes fur les rôles, & qu'il les en efface à mefure qu'elles feront jugées, ou rayées du rôle.

CHAPITRE TROISIEME.

De l'Inftruction ordinaire.

ON vient de voir que le Chapitre précédent épargne aux parties les frais prefque toujours fruf-tratoires des défauts, faute de comparoir & faute de défendre : ce Chapitre fera encore plus avanta·geux aux plaideurs.

ARTICLE PREMIER.

Lorfque le tour d'une caufe placée à un rôle quelconque viendra, qu'elle foit appellée, & fi perfonne ne fe préfente, qu'elle foit rayée du rôle, fauf aux parties ou à l'une d'elles à la faire infcrire de nouveau fur le regiftre d'infcription, pour être enfuite mife au rôle en la manière indiquée dans le Chapitre précédent. Si l'une des parties a chargé quelqu'un de fa défenfe, que celui-ci dans le cas où, en ne fe préfentant pas, il

auroit donné lieu de rayer la caufe , foit refpon-
fable de fa négligence envers la partie qui lui aura
confié fes intérêts.

Cette refponfabilité pourroit fe réduire à être condamné en
des dommages intérêts envers la partie, par exemple, en 1 liv.
10 fous ou 3 liv. pour chaque jour de retard que fa négligence
auroit apporté au jugement de la caufe.

A R T. I I.

S'il ne fe préfente qu'une feule partie , foit que
ce foit le demandeur ou le défendeur , qu'il foit
tenu de remettre, à l'inftant même, copie de l'exploit de demande au Confeiller-Secrétaire , & de
lire en entier cet exploit ; enfuite, fi c'eft le demandeur ou fon défenfeur qui paroît, qu'il rende
fuccinctement compte des faits , & qu'il expofe
fes moyens. Si au contraire c'eft le défendeur ,
qu'il remette au Confeiller-Secrétaire copie dudit
exploit & de fes conelufions , tendantes feulement
à être déchargé totalement, ou en partie, des
demandes formées contre lui par cet exploit, qu'il
expofe fuccinctement les faits & les moyens ; &
enfin, après que l'Avocat du Roi aura été ouï,
fi la caufe eft de nature à lui être communiquée,
que les Juges adjugent les demandes ou les rejet-
tent, felon qu'il leur paroîtra jufte.

A R T. I I I.

Que la communication au Miniftere public fe
faffe en lui exhibant au Parq.iet, avant l'audience,

les pièces de la caufe , & en lui expofant fuccinctement & de vive voix fes demandes & fes moyens ;
que le Magiftrat, à qui cette communication aura
été faite , mettre fon *vifa* au bas de l'exploit ou de
la copie de l'exploit.

A R T. I V.

Si l'exploit contient plufieurs chefs de demande,
ou que la partie comparante ait rendu compte d'un
grand nombre de faits , ou ait excipé de beaucoup
de pièces , que les Juges puiffent ordonner un délibéré ; qu'auffi-tôt la partie remette fes pièces au
Confeiller-Secrétaire, avec un inventaire très-fom-
maire defdites pièces, cottées & paraphées par premiere & derniere ; qu'à ces pieces la partie puiffe
joindre un mémoire ou précis manufcrit ou imprimé, *qui ne paffera point en taxe ;* qu'après avoir exa-
miné ces pièces , foit dans la Salle d'audience ou
dans la Chambre du Confeil , un des Juges faffe fon
rapport à la même audience , fi faire fe peut , ou au
moins à la prochaine audience , & que le Jugement
y foit prononcé.

A R T. V.

Lorfqu'il paroîtra à l'audience plus d'une partie,
& que néanmoins quelqu'une fera défaut, que la
caufe foit plaidée par les parties comparantes , en
la maniere qui va être indiquée, fauf, lors du Jugement, à donner défaut contre les défaillans.

A R T. V I.

Lorfque les parties comparoîtront à l'appel d'une
caufe

(169)

caufe mife au rôle, que le demandeur ou fon défenfeur remette au Confeiller-Secrétaire copie de
fes conclufions, & les life à haute voix, qu'enfuite
il expofe fuccinctement les faits & développe les
moyens fur lefquels il fe fonde ; qu'aux audiences
du grand rôle, cette premiere plaidoirie n'excéde
pas une heure , une demi-heure aux audiences du
petit rôle, & un quart-d'heure aux audiences des
inftructions , à moins qu'à la pluralité des voix les
Juges n'accordent un plus long efpace de tems.

Que de chofes on peut dire en une demie heure & même
en un quart d'heure , & qu'il eft poffible d'en dire peu en deux
heures !

A R T. V I I.

Que le demandeur ne puiffe prendre à l'audience
d'autres conclufions que celles qu'il aura prifes
par fon exploit, à moins qu'il n'ait fait fignifier
à fa partie adverfe , au moins vingt-quatre heures
avant l'audience, un acte contenant fes nouvelles
conclufions, & dont, avant de commencer fa
plaidoirie, il remettra copie au Confeiller-Secrétaire , & aux Gens du Roi, fi la caufe eft de nature
à leur être communiquée ; que les Juges ne puiffent avoir égard à ces nouvelles conclufions qu'autant qu'elles auront une parfaite connexité avec les
premieres, ou que le défendeur confentira qu'il y
foit ftatué par un feul & même Jugement.

On voit des plaideurs , après avoir fatigué leurs adverfaires pendant plufieurs années par des lenteurs affectées prendre prefque au moment du jugement des conclufions nouvelles
dont l'objet n'eft que d'empêcher que la caufe ne puiffe être

M

jugée actuellement. Ce sont ces chicanes qu'on a ici dessein
de prévenir.

A R T. V I I I.

Que dans les causes du grand & du petit rôle,
le défendeur soit tenu de répondre le jour d'audience suivant, (du même rôle,) à moins qu'il
ne se trouve en état de répondre sur le champ;
ce qu'il lui sera permis de faire; qu'il ait la faculté
de parler autant de tems que le demandeur. A
l'égard des causes mises au rôle des instructions,
que le défendeur soit tenu de parler à la même
audience que le demandeur.

A R T. I X.

Que le défendeur, avant de plaider, remette
au Conseiller-Secrétaire copie de ses conclusions,
& les life à haute voix; que ces conclusions ne
puiffent tendre qu'à être renvoyé totalement ou
en partie de la demande formée contre lui, à
moins que les plus amples conclusions qu'il voudra prendre, n'aient un rapport direct à la contestation, & qu'il n'en ait donné copie à sa partie
adverse, au moins vingt-quatre heures avant
l'audience, ou bien à moins que cette partie adverse
ne confente qu'il soit fait droit sur ces nouvelles
conclusions, dans le cas où elles seroient étrangeres
à la cause présente.

A R T. X.

Après que le défendeur aura fini sa plaidoirie,

qu'il foit permis au demandeur de répliquer; que
cette réplique foit faite en un demi-quart d'heure,
& à la même audience, fi la caufe eft au rôle des
inftructions; en un quart-d'heure & dans la même
audience ou la fuivante, fi la caufe eft au petit
rôle, & enfin, en une demi heure dans la même
audience, ou dans la fuivante fi la caufe eft au
grand rôle, à moins qu'à la pluralité des voix,
les Juges n'accordent un plus long efpace de tems.

A R T. X I.

Que lors de cette réplique le demandeur ne puiffe
prendre de nouvelles conclufions, qu'autant qu'il
les aura fait fignifier à fa partie adverfe, vingt-
quatre heures avant l'audience, & que d'ailleurs
les Juges ne puiffent avoir égard à ces nouvelles
conclufions, qu'autant qu'elles auront un rapport
direct à la conteftation, à moins que l'autre partie ne confente qu'il y foit fait droit; qu'avant
de parler, la partie ou fon défenfeur remette copie
de ces nouvelles conclufions au Confeiller-Secrétaire.

L'acte contenant les conclufions pourroit être une requête
faite en cette forme.

A Meffieurs du Bailliage ou de la Cour de...

(point de *Noffeigneurs*, ce terme fent l'efclavage).

M E S S I E U R S.

N... demandeur.
} Point de faits ni de moyens d'obfervations quelconque):
Vous prie (on ne doit point *fupplier humblement* un homme
de fare fon devoir; cela lui fait croire que c'eft une grace

qu'on lui demande) d'ordonner que (mettre ici les conclufions que l'on jugera à propos de prendre). Signé. .. (la
partie ou fon défenfeur).

Art. XII.

Après que le demandeur aura répliqué, que les
Gens du Roi portent la parole, fi la caufe leur a
été communiquée ; finon, qu'il foit procédé au Jugement, à moins qu'à la pluralité des voix, les
Juges ne permettent au défendeur de parler.

Si l'on vouloit permettre aux plaideurs ou à leur défenfeurs
de parler autant de fois qu'il leur plairoit, la mort feule mettroit
fin à leurs plaidoieries.

Art. XIII.

Lorfque les Gens du Roi auront donné leurs
conclufions, qu'ils en remettent copie de fignée
d'eux au Confeiller-Secrétaire qui les tranfcrira fur
le champ.

Att. XIV.

Lorfque la valeur des objets de la conteftation
excédera mille livres, qu'il foit permis à chacune
des parties de faire imprimer des mémoires ou
precis qui ne pafferont en taxe, lorfqu'ils feront les
premiers pour chaque partie, favoir, à l'audience
des inftructions, que pour une feuille d'impreffion
in-4o. ; à celle du petit rôle pour deux feuilles ; à
celle du grand rôle pour quatre feuilles ; que les
mémoires fervant de répliques ne paffent en taxe que
pour la moitié du nombre de feuilles qu'on vient

d'indiquer ; que ces mémoires ou précis foient
fignés , & qu'ils ne puiffent l'être que par la partie
même , *ou* par un Avocat infcrit fur le tableau.

On trouvera peut-être fingulier que dans cet article nous
propofions d'établir que les mémoires dont-il s'agit , ne paffent
point en taxe même contre la partie qui aura donné pouvoir
de les faire. Mais qu'on daigne faire attention que très-fouvent
les parties font victimes de leur confiance. Un Avocat leur de-
manderoit la permiffion de faire *un petit bout de mémoire* qu'il
leur diroit être de la derniere importance : elles y confen-
tiroient ; enfuite paroîtroit un très-ample mémoire qui ne diroit aux Juges que ce qu'ils fauroient déja fort bien.

ART. XV.

Lorfque l'objet de la conteftation n'excédera pas
mille livres , que les parties puiffent , fi bon leur
femble , faire imprimer des mémoires , mais que
ces mémoires ne paffent point en taxe , même
contre la partie pour laquelle ils feront faits , quand
même elle auroit donné pouvoir de les faire , &
que dans tous les cas un Avocat n'en puiffe faire
imprimer pour fa partie , fans y avoir été autorifé
par elle.

CHAPITRE QUATRIEME.

De ce qui doit être fait dans le cas où après les plaidoiries la cause ne se trouvera pas en état d'être jugée.

C'EST ici qu'actuellement la chicane frappe à grands coups ses victimes. En effet la voie que dans ce cas on employe le plus ordinairement, c'est l'appointement, & il n'est presque personne qui ne sache combien cette instruction est dispendieuse. D'immenses volumes d'écritures se succèdent souvent pendant une longue suite d'années, do très-amples mémoires les suivent, & quand les défenseurs des parties sont épuisés, commence le travail du Secrétaire du Rapporteur. Lorsqu'à force de sollicitations de toute espèce, on est parvenu à faire achever ce travail qu'interrompent ou du moins retardent quelquefois les artifices de l'adversaire, il faut que le Rapporteur lui même prenne connoissance de l'affaire, & il est bien rare que l'on ne trouve pas moyen de suspendre quelque temps son rapport par des productions nouvelles, ou par d'autres incidens que fait faire naître la mauvaise foi des plaideurs, ou l'avidité de leurs défenseurs ; car c'est ici sur-tout que se développe cette avidité criminelle, qui jusqu'à présent a causé la ruine de tant de familles.

On va proposer des moyens de remédier à ces

abus , & en fupprimant en partie ce qui fe pratique actuellement , on s’efforcera de rendre plus utile ce qu’on en confervera.

Maintenant , quand après les plaidoiries refpec-tives des parties , une caufe ne fe trouve pas en état d’être jugée , on ordonne *quelquefois* un dé-libéré. Cette voie eft fort bonne , & nous propo-ferons d’y avoir *toujours* recours , lorfque les Juges , après avoir entendu les plaidoiries , ne fe trouveront pas fuffifamment inftruits.

Lorfqu’un délibéré eft ordonné , toutes les pièces des parties paffent fous les yeux des Juges , & l’on peut dire qu’alors ils voyent ce qu’ils avoient en-tendu lors des plaidoiries. Mais cet examen vifuel peut n’être pas fuffifant ; il peut fe faire que les moyens des parties ne foient pas affez développés , & que les queftions qui font l’objet de la contefta-tion ne foient pas affez amplement difcutées ; c’eft alors véritablement le cas d’ordonner un appoin-tement ; c’eft-à-dire , d’ordonner que les parties écriront pour manifefter davantage la juftice de leurs prétentions. Ainfi ce Chapitre fera divifé en deux Sections ; dans la premiere on traitera du délibéré , & dans la feconde de l’appointement.

SECTION PREMIERE.

Du Délibéré.

ARTICLE PREMIER.

Lorfqu'après les plaidoiries les Juges ne fe trouveront pas en état de rendre un Jugement qu'ils
puiffent ordonner un délibéré.

ART. II.

Lorfque le délibéré aura été ordonné, que les
pièces foient remifes fur le champ au Confeiller-
Secrétaire, avec un inventaire fommaire contenant fimplement la défignation de chaque pièce,
& fa date ; qu'il figne le double de cet inventaire,
lequel double reftera entre les mains de la partie.

ART. III.

Qu'auffi-tôt, fi faire fe peut, ou au moins après
l'audience, les Juges fe retirent dans la Chambre
du Confeil, & nomment l'un d'eux pour rapporteur.

Cette nomination doit-être très fecrete.

ART. IV.

Lorſque la délibération ſera finie & que le Jugement ſera préparé, que les Juges rentrent dans
la Salle d'audience; que le Rapporteur faſſe ſommairement ſon rapport, *à haute voix*, & remette
copie, ſignée de lui, de ſon avis, au Conſeiller-
Secrétaire, qui le tranſcrira ſur le champ ſur le
regiſtre, & qu'enſuite chacun des Juges opine,
auſſi à haute voix.

La publicité des rapports & des opinions en aſſurera la juſtice
& en même tems ſervira d'inſtruction pour le public.

ART. V.

Lorſque la cauſe miſe en délibéré ne ſera point
de nature à pouvoir être jugée ſur le champ, que
le Juge qui, *dans la Chambre du Conſeil*, aura
été nommé Rapporteur, ſe charge des pièces ſur
un regiſtre ſecret, ou au bas des inventaires remis
au Conſeiller-Secrétaire par les parties, & qu'il
puiſſe emporter ces pièces chez lui pour les examiner plus à loiſir; mais qu'il ſoit tenu de faire
ſon rapport dans trois jours au plus tard, pour
les matières ſommaires ou proviſoires, & dans
huitaine pour les matières ordinaires, à peine d'a-
mende *contre tout le Tribunal*, laquelle demeurera
encourue de plein droit au profit de la caiſſe des
aumônes ou ſecours, ou des parties qui la requer-
ront, après avoir rempli les formalités ci-après
indiquées.

A R T.   V I.

Le délai de trois jours ou de huitaine étant expiré, que celle des parties qui voudra faire juger la cause, puisse s'adresser aux Membres de la Grande Municipalité du lieu, auxquels il justifiera qu'il est en cause au Bailliage avec telle personne, que la cause a été mise en délibéré tel jour, & que par conséquent le délai prescrit pour le Jugement est expiré, (ce qui pourra se justifier en représentant une liste des délibérés, signée du Conseiller-Secrétaire) ; qu'en conséquence les Officiers de la grande Municipalité écrivent aux Président & Officiers du Bailliage une lettre, contenant prière ou invitation de faire juger incessamment une cause pendante entre tel & tel, mise en délibéré tel jour ; que cette lettre soit remise par un Huissier de la Municipalité au Conseiller-Secrétaire du Bailliage qui en visera , datera & signera le duplicata que l'Huissier remettra au Secrétaire de la Municipalité, & celui-ci à la partie ; qu'il soit enjoint sous peine de l'honneur, à tous Officiers des Municipalités de garder le secret sur les requisitions qui leur seront faites par les parties, de sorte que les Tribunaux ignorent entiérement qu'elle est celle d'entre elles qui presse le Jugement.

Le Magistrat doit-être aussi impassible que la loi dont il est l'organe. Mais ce qu'on doit-être, l'est-on toujours ?

Ces lettres pourroient-être imprimées avec des blancs qu'on rempliroit de la maniere qui conviendroit : ainsi elles n'auroient rien d'offensant pour les Officiers des Bailliages. Pour obtenir ces lettres, il suffiroit de s'adresser au Secrétaire de la Municipalité.

Art. VII.

Si trois jours après l'invitation faite au nom de la grande Municipalité, le rapport n'est point fait, que le Bailliage, en la personne de son Secrétaire, soit sommé par un Huissier de la grande Municipalité, de représenter le lendemain extrait du Jugement du délibéré, avec déclaration, que faute de ce faire, le Bailliage y sera contraint par amende d'autant de fois 6 liv. qu'il y aura de parties dans la cause, pour chaque jour de délai.

Art. VIII.

Si le lendemain de cette sommation le Conseiller-Secrétaire du Bailliage ne représente point l'extrait du Jugement du délibéré, qu'il soit fait itérative sommation, & qu'en outre il soit déclaré au Bailliage, en la personne du Secrétaire, que les amendes sont encourues à compter du jour où a été faite l'invitation, & que jusqu'à concurrence desdites amendes, il sera fait délivrance aux parties, par le Trésorier de la Municipalité, des appointemens des Officiers du Bailliage; que la part des parties qui n'auront point requis l'amende, soit versée dans la caisse des aumones ou secours, (afin qu'il n'y ait aucune des parties à qui les Juges puissent s'en prendre, & que la crainte de leur déplaire ne force personne de les ménager.)

On trouvera peut être les dispositions de cet article fort dures. Mais est-il fort doux pour un malheureux plaideur dont tous les revenus sont saisis ou passent en d'autre mains que les

Rennes, de voir que tandis qu'il languit dans la misère, ses Juges passent dans un doux loisir le plus de tems qu'ils peuvent & le laisseroient plutôt périr de faim que de renoncer quelques jours aux festins, aux jeux, aux spectacles, pour s'occuper de l'examen de son procès ? Cette note ainsi que bien d'autres ne s'applique pas *aux* Magistrats, mais *à des* Magistrats.

Art. IX.

Que chaque jour pareille sommation & déclaration soit faite pendant la premiere & seconde huitaine.

Art. X.

Que pendant la deuxieme huitaine les amendes soient doubles.

Art. XI.

Si trois semaines après la premiere sommation, le rapport ne se trouve point fait, que le Procureur Syndic ou premier Censeur de la grande Municipalité écrive au Procureur Général-Syndic ou premier Censeur-Général de la Commission Intermédiaire des Etats de la Province, lequel dénoncera à la Cour du Roi, (ou Cour Souveraine de Justice,) le déni de justice du Bailliage.

Art. XII.

Que sur cette dénonciation, le Bailliage soit décrété d'assigné pour être ouï, & tenu de comparoître par un de ses Membres, député à cet effet.

ART. XIII.

Que ceux des Officiers du Bailliage qui se trouveront coupables ou complices du déni de justice
soient privés de leurs Offices , & qu'ils ne puissent
pendant un an se présenter aux concours.

ART. XIV.

Que tous les frais d'invitation, de sommation ,
de dénonciation & autres, soient à la charge du
Bailliage qui les aura occasionnés.

ART. XV.

Que ces invitations, sommations & dénonciations ne puissent avoir lieu dans le cas où il y aura
impossibilité d'accorder Bureau , parce qu'il se trouvera un trop grand nombre de causes mises en délibéré. Pour prévenir tous abus , qu'il soit fait une
liste des causes mises en délibéré ; qu'elles y soient
inscrites par ordre de date des Jugemens qui auront
ordonné le délibéré ; qu'en suivant cet ordre le Bureau soit accordé chaque jour , (d'audience,) pour
un délibéré , (autre qu'un délibéré sur le champ ;)
& dans le cas où les Juges s'écarteroient des dispositions de cet Article , que celles des Articles
précédens soient exécutées à la rigueur.

Actuellement il est impossible que les rapports soient expédiés
promptement , parce qu'il y a dans les Tribunaux beaucoup
de Juges médiocres & même au-dessous du médiocre , ce qui
force les Chefs des Tribunaux de ne confier les rapports qu'à un

très-petit nombre de Magiftrats qui par là fe trouvent furchargés. Comme, felon notre plan, les offices ne doivent être
donnés qu'à des citoyens capables de les exercer, les rapports
pourroit être également diftribués entre tous les Magiftrats,
& fi les Tribunaux que nous propofons d'établir doivent-être
compofés de moins d'hommes que ceux qui exiftent actuellement, on peut dire qu'ils contiendront plus de Juges, par conféquent rien de ce que nous indiquons ne fera difficile à
exécuter.

Art. XVI.

Afin de pouvoir conftater fi les Juges fe con-
forment ou non aux difpofitions de l'Article précédent, que toute partie dont la caufe aura été
mise en délibéré & même toute perfonne puiffe
exiger du Confeiller-Secrétaire, moyennant rétribution raifonnable, extrait figné de lui de la lifte
des délibérés, & fi de cet extrait il réfulte que dans
trente jours d'audience il n'a pas été jugé trente
ou au moins vingt délibérés de regiftre, qu'on
puiffe faire faire les invitations, fommations &
dénonciations indiquées ci-deffus.

Art. XVII.

Lorfque le Rapporteur fera en état de faire fon
rapport, que la caufe foit reportée à l'audience,
comme il eft dit ci-deffus.

SECTION DEUXIEME.

De l'Appointement.

ART. PREMIER.

Qu'aucune caufe de quelle nature qu'elle foit ne puiffe être appointée que dans le cas où, après avoir été mife en délibéré, & après le rapport qui en auroit été fait, les Juges ne la trouveroient pas fuffifamment inftruite.

ART. II.

Alors, après que le rapport aura été fait à l'audience, qu'il foit rendu à la pluralité des voix un Jugement qui ordonne que les parties produiront, écriront & contrediront.

ART. III.

Que *dans un mois*, à compter du jour où l'appointement aura été prononcé, le demandeur produife au Greffe fes pièces, & une requête ou Mémoire contenant toute fa défenfe; que cette requête ou mémoire ne puiffe contenir d'autres conclufions * que celles qu'il aura prifes, avant

---

* Les changemens de conclufions ne font qu'embarraffer les affaires & les éternifer. Il femble que quand une caufe eft mife en délibéré ou appointée, il ne s'agit que de l'examiner plus mûrement, & qu'ainfi elle doit toujours refter la même.

même que la cause ait été mise en délibéré, à moins que la partie adverse n'y consente; & qu'ils soient terminés par une énonciation sommaire de toutes les pièces qu'il aura produites; que le Conseiller-Secrétaire enregistre cette production sur un registre destiné à cet effet, & qu'il délivre à la partie un extrait de cette inscription signé de lui.

Actuellement le délai pour produire est de 8 jours & quelque fois au bout de huit mois la production n'est point faite. En général tous les délais prescrits par les ordonnances sont trop courts. Qu'en résulte-t-il ? c'est qu'on franchit des bornes dans lesquelles il est impossible de se contenir, & qu'ensuite ne trouvant plus rien qui arrête, ou s'étend autant qu'on veut. Qui demande trop, n'obtient rien.

Art. IV.

Que le Conseiller-Secrétaire ne puisse recevoir cette production ni aucune autre si la requête ou le mémoire n'ont été signifiés à l'autre ou aux autres parties de l'instance, c'est à-dire si ces parties ou leurs fondés de pouvoirs ou autres personnes indiquées au Chapitre des ajournemens n'ont mis leur *reçu copie* au bas de l'original de ladite requête ou dudit mémoire.

Art. XV.

Que le défendeur ne puisse prendre communication de la production du demandeur qu'après avoir renoncé à produire, ou qu'après avoir lui-même remis au Greffe sa production, laquelle ne pourra consister qu'en ses pièces, auxquelles il joindra un inventaire contenant l'énonciation très-

sommaire

fommaire de ses pièces sans aucuns gréambule, observation, ni même conclusions, & dont il donnera copie au demandeur.

Il est intéressant que le défendeur soit forcé de produire ses pieces avant de pouvoir prendre en communication celles du demandeur, parce qu'après cette communication il pourroit être tenté de ne point produire quelqu'une de ses pieces, dont au contraire le demandeur auroit intérêt d'avoir connoissance.

Cet article supprime une piece d'écriture absolument inutile; c'est l'avertissement ou requête de production du défendeur. Ce que cette piece renferme pourra fort bien être mis dans ses contredits qui contiendront les faits, les moyens du défendeur & ses réponses aux moyens du demandeur. La requête de production ou avertissement du défendeur & ses contredits ne forment presque toujours qu'un double emploi.

ART. VI.

Que pendant l'espace d'un mois, à compter du jour où le demandeur aura produit, le défendeur qui aura produit ou renoncé à produire, puisse, si le demandeur y consent *, prendre communication, avec déplacement de la production du demandeur pour la contredire, mais qu'il soit tenu de rétablir au Greffe ou Secrétariat cette production, avant l'expiration dudit délai d'un mois, à peine d'y être contraint par corps, de quelque âge, de quelque sexe & de quelque condition qu'il soit, fût-il engagé dans les Ordres sacrés.

Quand le délit est le même, pourquoi la peine seroit-elle différente; quelle excuse peut apporter un Ecclésiastique qui

____

* Ce consentement pourroit être exprimé au bas de la requête ou du mémoire, ou autre piece d'écriture.

N

a pris en communication des pieces qu'il ne tient qu'à lui de rendre ? Il ne peut y avoir de sa part que de l'entêtement ou de la mauvaise foi.

ART. VII.

Qu'avant l'expiration dudit délai le défendeur soit tenu de mettre au Greffe ou Secrétariat ses contredits, après en avoir donné copie au demandeur ; sinon ledit délai passé, que sans aucun avertissement ni sommation, l'instance puisse être distribuée & jugée sur ce qui se trouvera au Greffe ou Secrétariat.

ART. VIII.

Si le demandeur ne veut point permettre au défendeur de prendre communication avec déplacement, qu'il soit tenu, *à ses frais*, de lui donner copie correcte & très-lisible de toutes les pièces qu'il aura produites, à l'exception de celles dont il lui auroit déjà donné copie, soit par l'exploit de demande, ou pendant le cours de l'instance, & qu'en outre le défendeur ait la faculté de prendre au Greffe ou Secrétariat, autant de fois que bon lui semblera, aux heures convenables, communication, sans déplacer, de la production du demandeur ; qu'il ait également, pendant ledit tems, la faculté de prendre en communication, *mais sans déplacer*, sa propre production.

Dès qu'une fois une partie a mis au Greffe sa production, il ne doit plus lui être permis de la retirer qu'après le jugement du procès. L'expérience apprend combien en général nuisent à l'expédition des affaires les communications avec déplacement. Quand les pieces font forties du Greffe ou dès mains du Rapporteur, à peine peut-on parvenir à les y faire rentrer. Je ferois d'avis qu'on ne pût jamais prendre communication qu'au Greffe ou Secrétariat & fans déplacer, fauf à aftreindre les parties à fe donner réciproquement copie des pieces qu'elles produiroient, *aux frais de celle qui les produiroit*, afin de l'empêcher de produire des pieces inutiles.

Art. IX.

Que pendant l'efpace d'un mois, à compter du jour où le défendeur aura fourni fes contredits, le demandeur puiffe prendre communication de la production du défendeur, avec ou fans déplacement, fuivant la diftinction faite ci-deffus, & de la fienne propre, *fans déplacer*, & que dans ledit délai il fourniffe de réponfe aux contredits du défendeur.

Art. X.

Qu'après l'expiration de ce mois, ou auffi-tôt que le demandeur aura fourni de réponfes aux contredits du défendeur, celle des parties qui defirera faire juger l'inftance, puiffe la faire infcrire fur le regiftre de diftribution, & que le Confeiller-Secrétaire lui délivre un extrait de l'infcripiion qui en contienne la date & le numéro.

Art. XI.

Si un mois après le jour où aura été rendu l'appointement, le demandeur n'a point produit, que, fans faire aucune fommation préalable, le défendeur puiffe produire, & qu'en ce cas il puiffe

joindre à ſes pièces une requête ou mémoire de
production , imprimé ou manuſcrit, dont il donnera
copie au demandeur.

ART. XII.

Que dans le délai d'un mois , à compter du
jour où aura été faite cette production , le demandeur puiſſe en prendre communication avec ou
ſans déplacement, ſelon la diſtinĉtiou faite ci-deſſus,
& y fournir de contredits , ſons pouvoir lui-même
faire aucune production.

ART. XIII.

A uſſi.tôt que ees contredits auront été fournis
ou que le délai accorcé pour le fournir ſera expiré ,
que l'inſtance puiſſe être inſcrite ſur le regiſtre de
diſtribution , & jugée en l'état où elle ſe trouvera.

ART. XIV.

Que les inſtances infcrites ſur ce regiſtres ſoient
diſtribuées par ordre de date aux Juges, chacun
à leur tour, à l'exception des Préſidens & des Conſeillers vétérans ou honoraires qui n'en pourront
être chargés qu'autant qu'ils y conſentiront.

ART. XV.

Qu'une ſeconde ou troiſieme inſtance ne puiſſe
tête diſtrtbuĉe à un Juge qu'autant qu'il ſera prêt

à faire son rapport de celles dont il se trouvera
chargé.

ART. XVI.

Que les instances soient distribuées aussi-tôt
qu'il se trouvera des Juges en état de s'en charger.

ART. XVII.

Que dans quinzaine, à compter du jour où une
instance aura été distribuée, le Juge qui en aura
été chargé soit tenu de faire son rapport, à moins
que le Bureau ne soit occupé par d'autres Rapporteurs.

ART. XVIII.

Qu'il y ait de droit au moins trois fois par se-
maine, dans les Bailliages, & une fois par jour
dans les Cours, Bureau pour une nouvelle instance, à moins qu'il n'y en ait aucune en état
d'être jugée.

ART. XIX.

Que le nom du Rapporteur soit inconnu aux
parties, & qu'il leur soit même défendu de solliciter ou faire solliciter les Juges.

A quoi servent les sollicitations ? A importuner les Juges,
ou à les prévenir défavorablement contre l'une des parties. En
considérant les choses sous le point de vue le moins odieux, solliciter ses Juges, c'est leur dire : Au nom de Dieu, Messieurs
je vous en conjure, soyez honnêtes gens ; & il faut l'avouer

ſa prieŕe eſt tout à fait honnête. Sous un autre rapport les ſollicitations ſont d'une abſurdité révoltante. En effet, pour que les Juges puiſſent avoir égard aux mémoires d'une partie, il faut qu'ils aient été ſignifiés à l'autre, & cependant il eſt permis d'aller trouver ſes Juges & de leur dire tête à tête tout ce qu'on veut ! N'eſt-ce pas là défendre de frapper un homme & permettre en même tems de l'empoiſonner ?

A R T. X X.

Qu'après que l'inſtance ſera inſcrite ſur le regiſtre des diſtributions, les parties puiſſent ſe faire ſignifier telles écritures & mémoires que bon leur ſemblera, mais que ces écritures & mémoires, quand même ils ſeroient les premiers, ne paſſent point en taxe, même contre les parties pour leſquelles ils ſeront faits, *& que ces écritures & mémoires ne retardent point le Jugement.*

A R T. X X I.

Que les écritures & mémoires qui ſeront ſignifiés après que l'appointement aura été ordonné, ne puiſſent être ſignés que par des Avocats inſcrits ſur le tableau.

A R T. X X I I.

Que les premieres écritures & les premiers mémoires faits après l'appointement ordonné, (c'eſt-à-dire, la requête ou le mémoire de production du demandeur, & la requête ou le mémoire de contredits du défendeur, ne paſſent en taxe, ſi la cauſe étoit d'abord ſur le petit rôle qu'à rai-

fon de quatre feuilles d'impreſſion *in-4o*. de huit
pages chacune ; & ſi la cauſe étoit ſur le grand
rôle, à raiſon de ſix feuilles ; que les réponſes que
le demandeur fournira aux contredits du défendeur
ne paſſent en taxe qu'à raiſon de deux ou trois
feuilles, ſelon la diſtinction que l'on vient de faire.

On peut dire qu'actuellement il n'eſt preſque pas de pieces
d'écritures qui ne contienne dans chaque page un tiers de ſilla-
bes de moins qu'il n'eſt preſcrit par les réglemens. Voilà
donc deja des écritures trop longues d'un tiers ; enſuite que
d'inutilités, que de redites ces écritures contiennent !

ART. XVIII.

Que les parties puiſſent, ſi bon leur ſemble,
faire des productions nouvelles, & des mémoires
ou écritures qui y ſoient relatifs ; mais qu'à cet
égard rien ne paſſe en taxe, même contre les parties pour leſquelles ſeront faites les nouvelles productions, & qu'elles ne puiſſent aucunement retarder le Jugement.

Ces productions nouvelles n'ont ordinairement d'autre objet
que de retarder le jugement ou d'enrichir les défenſeurs des
parties : on ſe garde bien de produire toutes ſes pieces, ou
en réferve quelques unes qu'on fait paroître ſucceſſivement, ce
qui donne lieu de faire quelques nouvelles pieces d'écritures dans
leſquelles on rappelle ce qu'on a dit dans les précédentes, &
cela fait des rôles qui procurent de l'argent. Qu'on examine les
productions nouvelles d'un procès, & l'on verra que preſque toujours elles ſont inutiles, & que l'on eut très-bien pu produire
dès l'origine de l'inſtance les pieces qu'elles contiennent.

A R T. XXIV.

Que les requêtes ou mémoire non imprimés ne ſoient point groſſoyés , mais expédiés en minutte très-liſible , qu'ils ſoient évalués par comparaiſon avec des mémoires imprimés , & que ce qui ſe trouvera équivaloir à une feuil'e d'impreſſion , ne paſſe qu'à raiſon des deux tiers de ce que ſeroit taxé la feuille de mémoire imprimée , non compris les frais d'impreſſion ; mais s'il y a tout à la fois requête ou mémoire manuſcrits , & requête ou mémoire imprimés , que l'un des deux ſeulement paſſe en taxe.

Ainſi , ſelon notre plan , le demandeur pourroit faſte imprimer une requête ou mémoire de production , & une requête ou mémoire de réponſe aux contredits du défendeur , & celui-ci ne pourroit faire imprimer qu'une requête ou mémoire de contredits , ſauf à chacun d'eux à faire imprimer à ſes frais tels autres mémoires que bon lui ſembleroit.
On propoſe de ne paſſer en taxe les écritures qu'à raiſon des deux tiers de ce que ſeroient taxé les mémoires imprimés , par ce qu'elles ſont ordinairement faites avec beaucoup plus de négligence que les mémoires imprimés.

A R T. XXV.

Qoe dans le Greffe ou Secrétarias ſoit placé un tabléau ou liſte des inſtances inſcrites pendant l'année , contenant le numéro de chacune d'elles , qu'à meſure que quelqu'une ſera jugée , le Conſeiller-Secrétaire la raye , en mettant en marge la note du Jugement, (c'eſt-à-dire du jour où elle a été jugée.)

Art. XXVI.

Que dans le mois qui précédera les grande vacances il ne puisse plus être inscrit d'instance sur
le regiftre de diftribution, à moins que celui des
inftances diftribuées n'egale point celui de fix dans
les Bailliages, & de douze dans les Cours ; auquel
cas il pourra en être inscrit jufqu'à concurrence de
ce qu'il faudra pour remplir ce nombre.

Art. XXVII.

Le jour de l'ouverture des grandes vacances étant
arrivé, que les audiences de rapport continuent
jufqu'à ce que toutes les enftances inscrites aient
été jugées,

Cet article déplaira fans doute à ces Juges fi lent à fe ran-
dre au Tribunal & fi emprefsés à en fortir, qui aiment mieux
faire languir les plaideurs fix mois ou un an de plus que de fe
priver d'unfeul jour de plaifir ; mais de tels Juges ne méritent fans
doute pas qu'on cherche à leur plaire, fans citer aucun exemple de la négligence & de la mauvaife volonté de certains
Magiftrats, je crois pouvoir affurer qu'on ne fauroit prendre des précautions trop rigoureufes pour les forcer à remplir
leurs devoirs.

Art. XXVIII.

Si le Tribunal négligeoit de faire rapporter les
inftances, qu'on puiffe faire ce qui eft indiqué dant
la Section des délibérés.

T. XXIX.

Dans le cas où l'inftance feroit de nature à être communiquée aux Gens du Roi, qu'elle leur foit communiquée pendant quinzaine avant d'être diftribuée au Rapporteur.

ART. XXX.

Que les Gens du Roi foient renus de rédiger eux-mêmes par écrit leurs mémoires & Rapports.

ART. XXXI.

Lorfque le rapport fera prêt, & que les Juges auront, s'ils le veulent, préparé leur Jugement dans la Chambre du Confeil, qu'ils fe rendent à la Salle d'audience, dont les portes demeureront ouvertes, & où le public pourra entrer ; que l'Avocat ou Procureur du Roi, lorfque la caufe fera fujette à communication, life fon mémoire, & remette fur le champ copie de fes conclufions au Confeiller-Secrétaire, qui les tranfcrira fur le champ ; qu'enfuite le Rapporteur life fon rapport, & remette copie de fon avis au Confeiller-Secrétaire, qui le tranfcrira auffi-tôt ; qu'enfin, après avoir recueilli les voix, celui qui préfidera prononce le Jugement, & en énonce les motifs, & que le Confeiller-Secrétaire écrive auffi-tôt fur le regiftre ce Jugement & les motifs.

On fe rappelle que nous avons propofé de ne point permettre de prendre de nouvelles conclufions, après qu'une caufe a été appointée. Les copies de celles qui ont été prises avant l'appointement doivent selon notre plan avoir été remises au Conseiller-Secrétaire lors des Plaidoiries, & elles doivent se trouver visées & relatées dans l'appointement. Si cependant quelqu'une des parties avoit pris de nouvelles conclusions depuis l'appointement, & que les autres parties eussent consenti qu'il y fût fait droit, alors il faudroit que copie de ces conclusions fut remise au Conseiller-Secrétaire, & qu'elles fussent transcrites par lui sur son registre avant les conclusions des gens du Roi, s'il y en avoit, & l'avis du Rapporteur.

CHAPITRE CINQUIEME.

Des Jugemens & de leur exécution.

LORSQU'UNE cause ou instance est parfaitement instruite, il s'agit de la juger. Nous avons déjà exposé une partie de ce qui doit être observé lors du Jugement ; nous n'ajouterons ici que quelques dispositions.

ART. PREMIER.

Que tout Jugement soit clair, certain & précis.

ART. II.

Que l'expédition du Jugement contienne le nom des parties, leurs conclusions, celles du Ministère public, si la cause ou le procès lui a été communiqué, l'avis du Rapporteur, si la cause a été mise en délibéré ou appointée, l'indication des divers avis & du nombre des Juges qui les ont embraffés, le difpofitif, les motifs du Jugement, & enfin la liquidation des frais & dépenfes, & des dommages intérêts, s'il en eft adjugé ; que cette expédition foit faite demi-groffe très-lifible (comme les actes des Notaires,) qu'elle foit collatronnée & fignée par le Confeiller-Secrétaire, & que ce ne puiffe être qu'en vertu de cette expédition qu'on puiffe pourfuivre l'exécution d'un Jugement.

A r t I I I.

Que toute fignification de Jugement définitif foit faite en la forme indiquée pour les exploits d'a-journement ; mais fi le Jugement n'eft que d'inf-truction , (par exemple , s'il ordonne un délibéré ou appointemen), que la fignification en foit faite comme il eft indiqué par l'article 25 du titre des Ajournemens.

A r t. I V.

* Que ceux qui auront été condamnés par un Ju-gement dont il n'aura point été interjetté appel à délaiffer, la poffeffiou d'un héritage foient tenús de le faire quinzaine après la fignification qui leur aura été faite du Jugement, à peine de 200 liv. d'amende, applicable, moitié à la caiffe des au-mônes ; l'autre moitié à la partie ; & fi l'héritage eft fitué à plus de dix lieues de leur domicile , qu'il leur foit en outre accordé un jour pour dix lieues.

---

* Ordonn. de 1667, tit. 27, art. 2.

A R T. V.

* S'il ne fatisfont pas au Jugement quinzaine après la fignification qui leur en aura été faite, qu'il leur foit fait fommation d'y fatisfaire, & quinzaine après cette fommation, s'il n'y ont point déféré qu'ils puiffent être contraints par corps à délaiffer la poffeffion de l'héritage, & en tous les dommages-intérêts de la partie.

A R T. V I.

Que ceux qui auront été condamnés au paiement d'une fomme pécuniaire ou d'une certaine quantité de grains, de muids de vin, & autres objets de cette efpèce, puiffedt y être contraints par faifie & vente de leurs meubles, & par faifie de leurs revenus, & en cas qu'ils ne fuffifent pas, par vente de leurs immeubles; lefquelles vente de meubles & immeubles feront pourfuivis, fans frais, (ou aux moindres frais poffibles.) devant les Comités des Diftricts dans l'étendue defquels ils fe trouueront fitués.

A R T. V I I.

Dans le cas où la comdamnation ne feroit que provifoire, qu'il ne puiffe être procédé à la vente des immeubles.

---

* Ord. de 1667, tit. 27, art. 3.

Art. VIII.

Que tout Jugement des Tribunaux François soit exécuté dans toute l'étendue du Royaume, sans *Visa* ni *Pareatis*.

Ces *Pareatis* ne font qu'occasionner des frais inutiles. Le jugement rendu dans telle Province ou département n'émane-t-il pas de la même autorité que celui qui est rendu dans telle autre ?

Art. IX.

* Que le procès soit fait & parfait à ceux qui par violence ou voie de fait auront empêché directement ou indirectement l'exécution d'un Jugement quelconque, par les Juges dont ce Jugement fera émané, sauf l'appel, s'il y a lieu, & que les coupables foient condamnés folidairement aux dommages-intérêts de la partie, & refponfables des condamnations portées par les Jugemens, & en 400 liv. d'amende, moitié envers la caiffe des aumônes, l'autre moitié envers la partie, laquelle amende ne pourra être remife ni modérée; à quoi le Miniftere public tiendra la main.

Art. X.

* Que celui qui aura été condamné de laiffer la poffeffion d'un héritage en lui rembourfant quelques fommes, efpèces ou impénfes ou améliora-

---

* Ord. de 1667, tit. 27. art. 8.
* Ord. de 1667, art. 9.

tions ne puiſſe   e contraint de quitter l'héritage qu'après avoir été rembourſé ; & à cet effet, qu'il ſoit tenu de faire liquider les eſpèces, impenſes & améliorations dans un ſeul délai qui lui ſera donné par le Jugement ; ſinon que l'autre partie ſoit miſe en poſſeſſion des lieux, en donnant caution de les payer, après qu'elles auront été liquidées.

Art. XI.

Que pour la conſervation des Jugemens, ſoit établi un double dépôt, l'un près du Tribunal dont ils ſeront émanés, l'autre dans un bâtiment qui ſoit entièrement ſéparé de celui où ſera le premier dépôt.

On ſe rappelle que nous avons propoſé d'ordonner 1° que chaque fois qu'une partie ou ſon défenſeur prendroient des conclusions, elle ou lui en remettent ſur le champ copie correcte & très liſible au Conſeiller-Secrétaire ; 2° que les Gens du Roi, lorſqu'ils auront porté la parole & les Rapporteurs, après qu'ils auront fait leur rapport, remettent les uns copie de leur conclutions, les autres copie de leur avis au Conſeiller-Secrétaire ; 3° que celui-ci tranſcrive lui-même ſur les regiſtres les conclufions & les avis. (Par avis, j'entends les conclufions du Rapporteur).

Les diverſes feuilles qui contiendroient les conclufions des parties, celles du Miniſtere public & l'avis du Rapporteur feroient réunies enſemble, le Conſeiller-Secrétaire y joindroit copie du jugement ſigné de lui & du Préſident. Sur chacune de ces feuilles ſeroit indiqué le *folio* du regiſtre d'Audience ſur lequel elles ſeroient tranſcrites. Enſuite ce cahier ſeroit mis dans un carton timbré de l'année où le jugement auroit été rendu, & dans lequel on renfermeroit tous ceux de la même année.

Les divers regiſtres de l'année courante ſeroient en la poſſeſſion du Conſeiller-Secrétaire en exercice ; mais les cahiers

dont on vient de parler , feroient remis incontinent après
l'Audience où auroit été rendu le jugement définitif au dépôt
en préfence du chef du Tribunal, & de l'un des Officiers exe-
çaus le Miniftere public ; il en feroit fait mention fur un Regiftre appellé *Inventaire des Jugemens* , & cette mention feroit
figné par ces deux Officiers & le Confeiller-Secrétaire.

La porte du dépôt feroit fermée par trois ferrures dont les
clefs feroient entre les mains, l'une du Chef du Tribunal,
l'autre du chef des Officiers exerçant les miniftere public &
l'autre enfin du Confeiller-Secrétaire.

Lors de l'expiration de l'année de fon Secrétariat, il remettroit au dépôt les regiftres des délibérations & arrêtés de la
Compagnie en préfence de fon fucceffeur & des deux Officiers
dont il eft parlé ci-deffus. A cet effet fur le regiftre appellé *Inventaire*, il feroit un inventaire fommaire du nombre & de l'é-
tat de ces regiftres du nombre des cartons placés dans le dépôt.
Cet inventaire feroit figné de lui & des trois autres Officiers.

Il feroit fait mention fur chaque regiftre & fur chaque carton du *folio* du regiftre des inventaires où il feroit enre-
giftrés.

A l'égard des regiftres où feroient écrits de la main du Confeiller-Secrétaire les conclufions des parties, celles du miniftere
public , les avis des Rapporteurs & les Jugemens , le Confeiller-Secrétaire les remettroit à la fin de l'année au Secrétaire de la grande Municipalité (fi c'étoient les regiftres d'une
Cour Souveraine ils feroient remis au Secétariat de la Commiffion Intermédiaire de l'Affemblée Provinciale) cette remife
feroit faite en préfence du chef du Tribunal de Juftice , du
premier des Officiers exeçant les fonctions du miniftere public
dans ce Tribunal , du Préfident du Tribunal Municipal & du
Citoyen qui y exerceroit le miniftere public. Le Secétaire de
la Municipalité en feroit mention fur un regiftre appellé *Inventaire des Jugemens* ; cette mention feroit figné des fix perfonnes dont on vient de parler. Un récépiffé de ces regiftres
feroit donné par le Secrétaire Municipal au Secrétaire du Tribunal de Juftice. Ce dernier l'enregiftreroit en préfence de fon
fucceffeur , du Chef du Tribunal de Juftice & du Procureur
ou Avocat du Roi , fur le regiftre , appellé *Inventaire* , du Bailliage (ou de la Cour) & enfuite le récépiffé feroit dépofé dans
un carton deftiné à cet effet.

rendre

Lorsqu'on voudroit lever l'expédition de quelque Jugement rendu dans le cours des années précédentes, il seroit fait recherche de ce Jugement, à certaines heures destinées de droit à cet objet, par le Conseiller-Secrétaire en présence du Chef du Tribunal & de l'un des Officiers exerçant les fonctions du ministere public.

Lorsqu'on auroit trouvé le Jugement que l'on chercheroit, le Conseiller-Secrétaire emporteroit le cahier qui le contiendroit, après s'en être chargé sur un registre restant au dépôt. Quand l'expédition seroit finie, il rétabliroit le cahier dans le carton d'où il l'auroit tiré, en présence des deux Officiers dont il est parlé ci-dessus, lesquels lui en donneroient décharge sur le registre sur lequel il s'en seroit chargé. Cette décharge seroit inscrite en marge du chargement ou récépissé, lequel seroit à l'instant croisé.

On pourroit demander indistinctement des expéditions au Conseiller-Secrétaire du Bailliage & à celui de la Municipalité. Ce dernier en tirant du dépôt le registre dont il auroit besoin & l'y remettant, se conformeroit à ce qui est indiqué relativement au Conseiller-Secrétaire du Bailliage.

CHAPITRE VI.

De la manière de se pourvoir contre les Jugemens.

LES Jugemens sont de deux especes; les uns rendus en dernier ressort; les autres à la charge de l'appel. Il est des manières communes de se pourvoir contre les uns & les autres, & des manières spéciales de les attaquer. Nous diviserons ce Chapitre en trois Sections.

Dans la premiere, nous exposerons les manières dont il nous semble qu'on doit pouvoir se pourvoir contre l'une & l'autre espèce de Jugemens. Dans la feconde , nous indiquerons la marche qu'il faut tenir pour attaquer les Jugemens fujets à l'appel. Dans la troifième , nous propoferons les voies qu'on peut prendre pour faire anéantir les Jugemens en dernier reffort.

SECTION PREMIERE.

Manière de fe pourvoir contre l'une & l'autre efpèce de Jugement.

SELON notre plan , il fera fans doute impoffible d'empêcher qu'un exploit ne parvienne à fa deftination , & lorfqu'une partie aura été condamnée, par défaut , ce fera prefque toujours un effet de fa négligence ; ainfi il fembleroit qu'on ne devroit lui permettre d'attaquer le Jugement rendu par défaut contre elle , que de la même manière que s'il l'eût été contradictoirement. Néanmoins comme mille circonftances qu'il eft impoffible de prévoir , peuvent empêcher une partie de comparoître au jour indiqué , on peut lui conferver la voie de l'oppofition qui a lieu actuellement.

Cette même voie doit à plus forte raifon être ouverte à celui qui fe trouve léfé par un Jugement rendu dans une caufe en laquelle il n'a point été partie.

Quand un Jugement ne préfente point un fens clair , il eft naturel d'en demander l'interprétation à ceux qui l'ont rendu , parce que perfonne ne

peut mieux favoir qu'eux-mêmes ce qu'ils ont voulu
dire, & comme cette raifon s'applique également
aux Jugemens rendus en premiere inftance, & à
ceux qui le font en dernier reffort, nous penfons
devoir propofer d'accorder la faculté de fe pourvoir
également contre les uns & les autres, par la voie
de la demande en interprétation.

Ainfi, felon nou , il y aura deux manières communes de fe pourvoir contre l'une & l'autre efpèce
de Jugement, favoir, l'oppofition & la demande
en interprétation.

§. Ier.

De l'Oppofition.

A R T. Ier.

Lorfqu'il fera intervenu contre une partie un
Jugement par défaut, (Sentence ou Arrêt,) qu'elle
ait la faculté d'y former oppofition & de fe pourvoir devant les Juges qui l'ont rendu, pour le
faire réformer, pourvu que la caufe n'ait point été
mife au rôle contradictoirement; auquel cas la
partie qui fe fera laiffé condamner contradictoirement ne pourra fe pourvoir que par appel fi le
Jugement y eft fujet, ou par requête civile, s'il
eft en dernier reffort. (dans le cas où l'on croira
devoir laiffer fubfifter la voie de la requête civile.)

A R T. I I.

Qu'à peine de nullité cette oppofition foit faite

dans la huitaine, à compter du jour de la fignification du Jugement, faite en la manière indiquée
au titre des *Ajournemens*.

A R T. I I I.

Que cette oppofition foit faite par un acte contenant ajournement à la partie ou aux parties, au
profit de qui le Jugement aura été rendu, devant
le Tribunal dont il eft émané, dans les délais indiqués au Chapitre des Ajournemens, & qu'au
furplus foit obfervé ce qui eft prefcrit dans ledit
Chapitre.

A R T. I V.

Que nul ne puiffe être reçu oppofant à un Jugement rendu par défaut contre lui, s'il n'a préalablement rembourfé à l'autre partie tous les frais
faits légitimement avant ladite oppofition, & que
pour pouvoir faire infcrire la caufe il foit tenu de
repréfenter la quittance des frais de contumace à
l'Huiffier, lequel en fera mention, ou de les dépofer entre fes mains, pour être remis à l'autre
partie.

A R T. V.

Que tout oppofant qui fuccombera dans fon oppofition foit condamné aux dépens, & en outre
en 50 liv. d'amende dans les Bailliages, & en 100
liv. dans les Cours, applicable, moitié à la partie, & l'autre moitié à la caiffe générale des fecours & aumônes.

A R T. V I.

Qu'un opposant qui aura laissé rendre contre lui par défaut un Jugement qui le déboute de son opposition, ne puisse former opposition à ce dernier Jugement.

A R T. V I I.

Que toute personne qui se prétendra lésée par un Jugement rendu dans une cause où elle n'aura pas été partie, ou duement appellée, puisse y former opposition, après avoir préalablement consigné une amende de cent livres dans les Bailliages, & de deux cens livres dans les Cours, applicable comme ci dessus, dans le cas où elle succomberoit dans son opposition.

A R T. V I I I.

Que cette opposition soit formée par un acte contenant ajournement devant le Tribunal dont le Jugement sera émané, & que dans cet acte, auquel sera jointe copie de la quittance d'amende, soit observé tout ce qui est indiqué dans le Chapitre des Ajournemens; que la cause ne puisse être inscrite, (à la requête des opposans,) qu'en représentant la quittance d'amende.

A R T. I X.

Si dans le cours de l'instruction d'une cause ou

procès l'on oppose à l'une des parties un Jugement rendu dans une cause où elle n'aura point
été partie, qu'elle puisse y former opposition devant le Tribunal ou elle se trouvera actuellement
en instance ; que cette opposition puisse être formée par un simple acte signifié à l'autre partie ;
qu'à cet acte soit jointe copie de la quittance d'a-
mende consignée par l'oppolant, ainsi qu'il est prescrit par l'acte précédent.

§. I I.

De l'Interprétation.

A R T. Ier.

Lorsqu'une partie prétendra qu'un Jugement n'est
pas clair, qu'elle puisse se pourvoir en interprétation devant le Tribunal qui l'aura rendu. A cet
effet, qu'après avoir consigné une amende de 50
liv. s'il s'agit d'une Sentence, & de 100 liv. s'il
s'agit d'un Arrêt ; elle présente au Tribunal une
requête contenant seulement ses conclusions à laquelle elle joindra copie, 1o. de la quittance d'a-
mende 2o. des conclusions prises avant le Jugement dont il s'agira, tant par elle que par ses
parties adverses ; que le tout soit remis au Conseiller-Secrétaire, & par lui remis au Conseiller
qui aura été nommé Rapporteur, lequel fera son
rapport publiquement à l'audience, au plus tard
dans les trois jours.

A R T. II.

Si la requête est rejettée, que le demandeur soit condamné en l'amende, laquelle sera appliquée à la caisse des secours ; sauf à lui à se pourvoir, s'il y a lieu, par appel contre le Jugement qui aura rejetté sa demande, auquel cas l'appel sera dirigé contre le Tribunal même qui aura rendu le Jugement.

A R T. III.

Si la requête est admise, que le demandeur assigne les parties qui y seront dénommées, dans les délais prescrits par le Chapitre des Ajournemens. Qu'en tête de l'exploit il donne copie 1o. de sa requête en interprétation. 2o. des conclusions prises tant par lui que par les autres parties, avant le premier Jugement. 3o. du Jugement de *soit assigné*.

A R T. IV.

Si en définitif la demande en interprétation est rejettée, que le demandeur soit condamné en 50 liv. ou 100 liv. d'amende envers l'autre partie, & en pareille amende envers la caisse des secours, selon la distinction faite ci-dessus.

A R T. V.

Dans le cas au contraire où les Juges interpréteroient leur Jugement, que les frais & dépens de cette cause soient supportés par la partie qui aura soutenu qu'il n'étoit besoin d'interprétation, & si cette partie s'en est rapportée purement & simplement à la prudence du Tribunal, que ce soit ce Tribunal seul qui supporte entièrement les frais légitimement faits sur la demande en interprétation par l'une ou l'autre partie, pourvu toutefois que le Tribunal se trouve composé des mêmes individus qui ont rendu le premier Jugement, & que la demande en interprétation ait été formée dans l'année.

Le fait du Juge, dit-on, est le fait de la Partie, *factum Judicis*, *factum partis*. Cette maxime révoltante ne peut avoir été inventée que par le Despotisme. Les Tribunaux ne sont établis que pour terminer les contestations des parties & non pas pour en faire naître de nouvelles. Quand par un mauvais Jugement ils donnent lieu à de nouveaux différends, ils doivent porter la peine de leur impéritie.

SECTION SECONDE.

Marche qu'on propose de tenir pour attaquer les Jugemens sujets à l'appel.

L'erreur, ainsi que nous, & bien d'autres avant nous, l'avons déjà dit, est le triste apanage de l'humanité. Ainsi tout Jugement émané des hommes peut être erroné, & par conséquent peut donner lieu à de justes réclamations. Mais comme enfin il faut un terme à tout, & sur-tout aux contestations qui divisent les Citoyens, il est nécessaire

qu'il y ait dés Jugemens dont il ne foit plus permis d'appeller ; d'un autre côté il n'y a aucun inconvénient , & il eft même falutaire que le premier
Jugement ne foit pas le dernier , du moins lorfque
l'objet de la contéftation eft important. Auffi je
crois que tout le monde penfera comme moi qu'il
eft à propos d'établir au moins deux dégrés de
jurifdiction.

La maniere fpéciale de fe pourvoir contre les
Jugemens des Jurifdictions du premier dégré va
faire l'objet de cette Section.

Le même motif qui porte à limiter le nombre
des dégrés de Jurifdictions doit également déterminer à fixer un délai dans lequel il foit permis
d'appeller d'un Jugement.

L'Ordonnance de 1667 accorde dix ans aux
particuliers , & vingt ans à l'Eglife , aux Hôpitaux ,
Collèges & Maladreries pour interjetter appel ; mais
les Tribunaux en accordent trente.

Cette Ordonnance donne la faculté de reftrendre
à 3 ou 6 ans ce délai de 10 ou 12 ans , en faifant
fommer fon adverfaire, 3 ou 6 années après la fignification du Jugement , d'en interjetter appel.

On fe plaint avec raifon de la trop grande étendue de ces délais ; mais ne feroit-il pas funefte de
les reftreindre autant que le defirent quelques perfonnes ? Nous propoferons des moyens qui conci-
lieront peut-être les opinions des partifans de l'ancien fyftême , & de ceux du nouveau.

A R T. Ier.

Que celui qui aura déclaré formellement qu'il

acquiefçoit à un Jugement ou fes ayans caufe , ne puiffent interjetter appel de ce Jugement ; mais que nul acquiefcement tacite, quelque évident qu'il paroiffe , ne puiffe faire obftacle à l'appel , fauf en ce cas à l'autre partie à fommer fon adverfaire de déclarer par oui ou par non s'il acquiefce à ce Jugement ; qu'alors toute réponfe qui ne contiendra pas refus abfolu d'acquiefcer , foit prife pour acquiefcement formel.

Rien fouvent de plus injufte que ces fins de non - recevoir qu'on tire des prétendus acquiefcemens tacites. Un malheureux plaideur qui vient de perdre un procès fur le gain duquel il comptoit & avoit droit de compter , eft fi troublé de ce fâcheux événement, que lorfqu'on vient lui fignifier le Jugement , & le fommer de l'exécuter, il fe hâte de payer les dépens pour prévenir les faifies , fans fonger à faire des réferves contre un jugement inique , qui acquiert par-là force de chofe jugée.

A R T. II.

Que l'appel ne foit recevable que dans les cinq années, à compter du jour où le Jugement aura été fignifié en la manière indiquée au Chapitre des Ajournemens ; en conféquence pour faire courir ledit délai relativement aux Jugemens rendus , & même fignifiés avant la publication de l'Ordonnance de réforme, que ces Jugemens foient fignifiés de nouveau en ladite manière , à moins que par quelque dire, obfervation, acte ou lettre fignés de la partie, il ne foit prouvé qu'elle a reçu la première fignification qui lui a été faite.

Art. III.

Que celui qui voudra interjetter appel d'une sentence, présente au Tribunal Supérieur une requête tendante à être reçu appellant. Que cette requête contienne sommairement les faits, les moyens & les conclusions de l'appellant ; qu'elle soit signée par deux Avocats inscrits sur le tableau de ce Tribunal Supérieur & accompagnée d'une courte consultation également signée d'eux, dans laquelle ils établissent qu'il y a lieu de recevoir l'appel ; qu'à cette requête soient annexée, la quittance d'une amende de 75 livres que l'appellant aura préalablement consignée, la copie signifiée de la sentence dont est appel & autres pièces qu'il plaira à l'Appellant produire. Que la requête & les pièces qui y seront jointes soient lues par l'Appellant ou son défenseur à une Audience destinée à cet effet, ou plutôt qu'elles soient données au Conseiller Secrétaire qui en fera mention sur un Regiftre de distribution & enfuite les remettra à celui que la Cour aura nommé Rapporteur, lequel fera son rapport dans trois jours à l'Audience en préfence de la partie ou de son défenseur ; qu'après le rapport la requête d'appel & l'avis du Rapporteur soient remis au Greffier pour être conservés dans le dépôt des Jugemens.

Art. IV.

Si l'appel est rejetté, que l'appellant soit condamné en l'amende envers la caisse des Secours ou aumônes ; que l'Arrêt contienne les motifs fur lefquels il eft fondé & le nom des deux Avocats qui auront figné la Requête et Confultation.

Toute requête en caffation doit être fignée de deux des trente plus anciens Avocats au Confeil. Par là le légiflateur a voulu empêcher qu'on ne préfentât aucune requête qui ne méritât d'être admife. Cependant il eft conftant qu'il n'eft prefque point de plaideur qui ne parvienne à faire figner par deux anciens Avocats fa requête en caffation, quelque dénuée de fondement qu'elle puiffe être. On croit pouvoir remédier à cet abus en fefant lire publiquement à l'audience la requête d'appel & la confultation des deux Avocats qui l'auront fignée. On pourroit même placer dans la falle d'Audience un tableau où l'on infcriroit les noms des Avocats qui auroient figné ces confultations & où l'on marqueroit fi la requête a été admife ou rejettée.

A R T. V.

Si l'appel eft admis, que l'arrêt énonce les motifs de cette admiffion & permette à l'Appellant de faire intimer (on affigner) dans le délai de quinzaine les perfonnes nommément défignées dans la requête d'appel fi elles demeurent dans la Province où eft établie la Cour Souveraine, & fi elles n'y demeurent pas, qu'il foit ajouté un jour par dix lieues.

A R T. V I.

Que copie de la quittance d'amende, de la Requête d'appel & de l'Arrêt qui l'aura admis foit donnée à l'intimé en tête de l'exploit d'ajournement.

Art. VII.

Si la fentence dont eft appel a été rendüe fur productions refpectivement faites en vertu d'une fentence d'appointement, qu'auffitôt après l'échéance des délais de l'affignation, l'appellant remette au Confeiller-Secrétaire de la Cour, toutes les pièces produites en première inftance, la fentence dont eft appel, la quittance de l'amende par lui confignée, fa requête d'appel, la confultation des deux Avocats qui l'ont fignée, l'Arrêt qui a admis ledit appel, fans pouvoir y joindre aucun Mémoire ou autre pièce d'écriture,

Art. VIII.

Que dans quinzaine à compter de l'expiration du délai de l'affignation, l'intimé mette également au Greffe les productions faites par lui devant les premiers Juges, avec un mémoire ou pièce d'écriture fervant de réponfe à la requête d'appel, dont il donnera copie à l'appellant; finon, que celui-ci puiffe faire infcrire l'inftance pour être diftribuée & jugée fur ce qui fe trouvera produit.

Art. IX.

Qne dans quinzaine à compter de la fignification de ladite réponfe à la requête d'appel, l'Appellant puiffe y fournir de réplique, & que, ledit délai expiré, la plus diligente puiffe faire infcrire la caufe pour être diftribuée & jugée.

A r t. X.

Si l'appel est interjetté de sentence rendue sur
plaidoyerie ou après un délibéré, q'aussitôt après
l'expiration du délai de l'allignation la partie la
plus diligente puisse faire inscrire la cause pour
être appellée dans trois jours à l'Audience des
instructions, afin d'être placée sur le rôle convenable.

A r t. X I.

Si la sentence est confirmée, que l'Appellant soit
condamné en 150 liv. d'amende envers l'intimé
& en pareille amende envers la caisse des secours
ou aumônes, sur tout si dans sa requête d'appel
il a déguisé ou altéré les faits ; si au contraire la
sentence est infirmée, que l'amende consignée par
l'Appellant lui soit rendue, *mais que l'intimé ne
soit condamné aux dépens qu'autant que l'appel
aura été interjetté & admis dans l'année*, à compter
du jour où la sentence aura été signifiée audit intimé
ou à ceux qu'il représente.

A r t. X I I.

Que celle des parties qui croira avoir lieu de
se plaindre d'une sentence, puisse en suspendre
l'exécution en signifiant ou fesant signifier à l'autre
un acte d'appel ; mais que cet acte n'ait d'effet
qu'autant qu'il aura été signifié au plus tard dans
la huitaine du jour où l'aura été la sentence ; que

d'ailleurs cette fufpenfion ne dure que quinze jours
& ne puiffe être renouvellée que par l'ajournement
donné en vertu de l'Arrêt qui aura admis l'appel ;
mais que dans tous les cas la fentence dont fera
appel foit exécutée par provifion jufqu'à concurrence de la fomme de 1200 liv. en donnant bonne
& fuffifante caution, après feulement que l'Arrêt
de *foit intime* aura été fignifié.

A R T. X I I I.

Néanmoins que tout aÉte d'appel, pourvu que
dans le délai de quinzaine il foit fuivi de la
fignification de l'arrêt de *foit intimé*, fufpende
toute exécution de fentence qui feroit irréparable
en définitif, telle, par exemple, que la démolition
d'une maifon.

A R T. X I V.

Que les délais pour interjetter appel ne courent
point contre les Mineurs, ni contre les abfens pour
la chofe publique.

A R T. X V.

Qu'aucun appel admis plus d'un an après que
la fentence aura été rendue, ne fufpende l'exécution
de cette fentence ; fauf à la partie qui defirera
cette fufpenfion à la faire ordonner contradiÉtoire-
ment avec fon adverfaire.

A R T. X V I.

Qu'il ne puiſſe être interjetté appel d'une
Sentence qui aura ordonné un délibéré & lorſqu'il
aura été interjetté appel d'une ſentence qui ordonne
l'appointement, ſi la Cour Supérieure confirme la
ſentence, qu'elle renvoye les parties devant le
premier Tribunal pour y procéder ſur le fond; ſi
au contraire elle infirme la ſentence, qu'elle prononce ſur le champ, à l'Audience, ſur le fond de
la conteſtation, ſans pouvoir appointer, ni même
ordonner un délibéré.

A R T. X V I I.

Qu'au ſurplus ſoit obſervé tout ce qui eſt indiqué
par les 1e, 2e, 3e. 4e & 5e chapitres, à l'exception
des invitations & ſommations qui ſeront faites par
les Officiers des Commiſſions intermédiaires Provinciales & des dénonciations qui ſeront faites à
S. M. même, ou aux Aſſemblées Provinciales, ou
même à l'Aſſemblée Nationale.

SECT. TROIS.

SECTION TROISIEME.

Manières spéciales de se pourvoir contre les Jugemens rendus en dernier ressort.

En matière civile on reconnoit actuellement, en France, trois manières spéciales de se pourvoir contre les Jugemens en dernier ressort, savoir, la requête civile, la demande en contrariété d'Arrêts, enfin la demande en cassation, elles feront l'objet de trois paragraphes.

§. Ier.

De la Requête Civile.

Sur vingt demandes en enthérinement de lettres de Requête Civile, à peine en est-il une qui réussisse. Quand on supprimeroit entièrement cette voie de se pourvoir, on peut dire que les plaideurs n'y perdroient qu'une occasion de se fatiguer réciproquement & d'épuiser leur bourse; & les Juges & le public, l'avantage de s'ennuyer complètement pendant quelques heures : car quiconque a un peu fréquenté le barreau, sait que pour se guérir radicalement de l'insomnie il ne faut qu'entendre plaider une requête civile, fut-ce même par M. De B.

P

Néanmoins si l'on pense devoir la conserver, voici le plan que j'ose proposer. Il s'en faut bien qu'il soit entièrement nouveau.

ART. PREMIER.

* Qu'il n'y ait lieu à se pourvoir par Requête civile que dans onze cas, savoir 1°. s'il y a eu dol personnel lors du jugement; 2°. si la procédure ordonnée par le Législateur, n'a point été suivie, 3°. s'il a été prononcé sur choses non demandées ou non contestées; 4°. s'il a été plus adjugé qu'il n'a été demandé ; 5°. s'il a été omis de prononcer sur l'un des chefs de demande ; 6°. s'il y a contrariété d'arrêt ou jugement en dernier ressort entre les mêmes parties sur les mêmes moyens & en mêmes Cours ou jurisdictions, ou *en diverses Chambres des mêmes Cours et Jurisdictions* ** ; 7°. si dans un même Arrêt il y a des dispositions contraires; 8°. si dans ce qui concerne le Roi, l'Eglise, le Public, la Police *ou les Mineurs*, il n'y a point eu de communication aux Avocats ou Procureurs Généraux; 6°. si on a jugé sur des pièces fausses ou sur des offres ou consentemens qui aient été désavoués & dont le désaveu ait été jugé valable ; 10°. s'il y a des pièces décisives, nouvellement recouvrées (pourvu qu'il soit bien prouvé qu'elles n'ont été recouvrées que depuis le premier juge-

---

* Ordonnance de 1667, tit. 35 , art. 34.

** Il est inconcevable qu'on prétende & *qu'on juge* que les diverses Chambres d'une même Cour sont autant de Cours différentes.

ment) *ſoit qu'elles aient été retenues par le fait de la partie adverſe ou d'autres perſonnes ; 11º. ſi le jugement a été rendu par défaut à tour de rôle* *.

Art. II.

Que celui qui prétendra avoir en ſa faveur quelqu'une des ouvertures de requête civile ci-deſſus indiquées , après avoir conſigné une amende de trois cens livres applicable à la caiſſe générale des ſecours ou aumônes , préſente dans les ſix mois à compter du jour où l'Arrêt ou jugement en dernier reſſort lui aura été ſignifié , une requête ſuccinte contenant les faits , ſes moyens & ſes concluſions ; que cette requête ſoit ſignée de deux Avocats inſcrits ſur le tableau depuis cinq ans & terminée par une conſultation également ſignée d'eux ; qu'à la requête ſoit jointe la copie ſignifiée du jugement contre lequel on ſe pourvoit & la copie de la quittance d'amende. Que le tout ſoit remis au Conſeiller-Secrétaire & qu'au ſurplus ſoit obſervé ce qui eſt indiqué relativement à la requête d'appel.

Art. III.

À l'égard des mineurs que le délai ne courre que du jour de la ſignification qui leur aura été faite du jugement depuis leur majorité **.

---

* Ord. de 1667 , tit. 35 , art. 3.
** *Ibid.* art. 4.

ART. IV.

* Que le délai foit d'un an pour l'Eglife, les Communautés & les abfens pour la caufe publique.

ART. V.

** Lorfque les moyens de requête civile feront tirés *du dol perfonnel*, ou de ce qu'il a été jugé fur pièces fauffes, ou de ce que des pièces ont été nouvellement recouvrées, que le délai de fix mois ou un an ne courre que du jour que *le dol aura été découvert*, ou que la fauffeté des pièces aura été reconnue, ou enfin que les pièces auront été, recouvrées pourvu qu'il y ait preuve par écrit du jour & non autrement.

ART. VI.

Si les Arrêts ou jugemens en dernier reffort ont été donnés contre, ou au préjudice de perfonnes qui feront décédées dans les fix mois du jour de la fignification à eux faite, que leurs héritiers fucceffeurs ou ayans caufe aient encore le même délai de fix mois *à compter du jour du décès*; s'ils font majeurs, finon que le délai ne coure que du jour de leur majorité.

L'Ordonnance de 1667 exige qu'il foit fait une nouvelle fignification du jugement à ces héritiers, fucceffeurs ou ayans

---

* Ordonn. de 1667, tit. 35, art. 7.
** *Ibid.* art. 22.

caufe ; mais c'eft à eux à en faire la recherche dans les papiers
du défunt. D'ailleurs celui au profit de qui a été rendu le jugement, ne peut pas toujours connoître les héritiers, fuccesseurs.
ou ayans caufe de fon adverfaire.

A R T. V I I.

Si la requête eft rejettée, que le demandeur foit
condamné en l'amende ; fi au contraire elle eft
admife, qu'il lui foit permis d'affigner dans le délai
de quinzaine, les parties nommément défignées
dans là requête, fi elles demeurent dans la Province, finon qu'il foit ajouté un jour par dix
lieues.

A R T. V I I I.

Si le demandeur découvre quelques nouveaux
moyens de requête civile, qu'il les propofe par une
requête d'ampliation, pourvu toutesfois que ce foit
avant d'avoir obtenu l'arrêt de *foit affigné*.

A R T. I X.

Qu'en tête de l'exploit d'affignation foit donnée
copie de la quittance d'amende, de. la requête
civile, de l'arrêt contre-lequel on fe pourvoit ; &
celui de *foit affigné*.

A R T. X.

Que lors de la plaidoyerie de la caufe il ne
puiffe être propofé d'autres moyens que ceux qui

auront été énoncés dans la requête civile ou dans
la requête d'ampliation & qu'il foit expreffément
défendu d'entrer dans la difcuffion du fond.

C'eft ce que prefcrit l'Ordonnance de 1667, & ce qu'on fe
garde bien d'obferver.

Art. XI.

Que le demandeur en requête civile qui fuccombera contradictoirement foit condamné aux
dépens & en fix cens livres d'amende, favoir,
moitié envers fa partie adverfe & l'autre moitié
envers la caiffe des fecours ou aumônes.

Art. XII.

Si la requête eft définitivement admife, que
les parties foient remifes au même &' femblable
état qu'elles étoient avant l'arrêt ou jugement en
dernier reffort ; que l'amende foit rendue ; que
le défendeur foit condamné feulement aux dépens
faits depuis la première admiffion & que dès le
jour même du Jugement, celle des parties qui le
defirera puiffe faire mettre au rôle la caufe fur
le fond.

Art. XIII.

Que du moment de la fignification de l'arrêt
ou jugement de *foit affigné*, l'exécution du jugement attaqué par la voie de la requête civile foit
fufpendue.

Art. XIV.

Que toute requête civile, tant principale qu'incidente, soit plaidée devant le Tribunal qui aura rendu le jugement attaqué par cette voie ou devant le Tribunal qui aura succédé au premier.

Art. XV.

Que celui qui succombera sur le fond, soit condamné en tous les dépens faits depuis la demande originaire, à l'exception néanmoins de ceux faits pour obtenir le jugement qui a permis d'assigner sur la requête civile.

Ces derniers frais doivent être regardés comme une peine légere de la négligence du demandeur en requête civile, ou si l'on veut comme un léger sacrifice qu'il a fait pour obtenir une espece de grace.

Art. XVI.

Que celui au rapport duquel sera intervenu l'arrêt ou jugement en dernier ressort, contre lequel la requête civile est présentée ne puisse être Rapporteur du procès sur le rescindant, ni sur le rescisoire.

Art. XVII.

Que celui qui aura été débouté de sa requête civile ne soit plus recevable à se pourvoir par autre requête civile, foit contre le premier arrêt ou jugement en dernier reffort, ou contre celui qui l'auroit débouté; quand même la requête civile auroit été définitivement admife fut le refcindant, s'il a fuccombé au refcifoire, c'eft à dire fur le fond.

§. I I.

De la demande en contrariété d'Arréts rendus dans diverfes Cours.

Les conteftations auxquelles cette forte de demande donne lieu font fort rares. Il ne paroît pas jufte d'en confier la connoiffance à l'un des Tribunaux dont eft émané l'un des arrêts, parceque l'autre auroit lieu de fe plaindre de cette préférence; il vaut mieux attribuer la connoiffance de cette efpèce de caufe à un Tribunal neutre. C'eft pour cela que nous avons propofé de la renvoyer à l'un des trois ou quatre Tribunaux dont nous avons parlé à la fin du chapitre préliminaire de cet ouvrage. Ce que nous avons à préfenter fur cet objet, fe réduit à fort peu de chofe.

A R T I C L E   P R E M I E R.

Que celui qui voudra fe pourvoir en contrariété d'arrêts configne une amende de trois cens livres & préfente au Tribunal auquel fera attribuée la connoiffance de cette forte d'affaire, une requête contenant fommairement les faits & les moyens, que cette requête foit fignée de deux Avocats exerçans leur profeffion depuis cinq ans; qu'à cette requête foit annexée copie de la quittance d'amende & des arrêts qu'on prétendra être contraires les uns aux autres & que le tout foit remis au Confeiller Secrétaire, ainfi qu'il eft prefcrit pour la requête d'appel.

A R T. II.

Si la requête eft rejettée, que le demandeur foit condamné en l'amende, envers la caiffe des fecours ou aumônes; fi elle eft admife, qu'il lui foit permis de faire affigner dans le délài indiqué dans la fection précédente les perfonnes dénommées dans fa requête & qu'en tête de l'exploit foit donnée copie de la quittance d'amende, des Arrêts contraires, de la requête en contrariété & de l'arrêt de *foit affigné*

A R T. III.

Si en définitif la contrariété fe trouve bien démontrée, que les Juges ordonnent l'exécution du premier Arrêt, annullent le fecond & condamnent le défendeur aux dépens, fi au contraire il ne fe trouve point de contrariété, que les Juges ordonnent l'exécution des deux Arrêts & condamnent le demandeur aux dépens, & en outre à fix cens livres d'amende, applicable moitié à la partie adverfe & l'autre moitié à la caiffe des fecours ou aumônes.

§. I I I.

De la Caſſation.

La caſſation eſt une voye extrême à laquelle on ne doit avoir recours que quand toutes les autres ſont épuiſées.

Les abus auxquels donne lieu cette manière de ſe pourvoir contre les jugemens en dernier reſſort, portent bien des perſonnes à en demander la ſuppreſſion. On peut dire néanmoins qu'elle ſert beaucop à contenir les Juges dans leurs devoirs. Il eſt vrai qu'en déchirant totalement le voile qui dérobe preſque entièrement aux regards les opérations de la Juſtice & en portant, pour ainſi dire, le flambeau juſques dans la penſée des Juges, il ſera bien difficile qu'ils ſe jouent du ſort des malheureux plaideurs. Je dis qu'ils *ſe jouent*, car ce n'eſt pas une erreur naturelle à tous les hommes, une erreur par conſéquent excuſable qu'a voulu réformer le Légiſlateur en établiſſant la voie de la caſſation.

C'eſt le mépris des Ordonnances, c'eſt une injuſtice évidente par elle-même qu'il a prétendu réprimer; car un ſimple mal jugé, quelque bien démontré qu'il ſoit, ne ſuffit point pour faire caſſer un arrêt. Ainſi je crois pouvoir aſſurer que ſi l'on adopte les plans que j'ai propoſés, il n'y aura preſque jamais lieu de ſe pourvoir en caſſation. Au reſte, ſi l'on penſe que cette voie eſt encore néceſſaire, on peut obſerver ce que nous avons indiqué relativement à l'appel, en doublant, si l'on veut, l'amende.

On se rappelle que j'ai proposé de faire faire à l'audience le rapport des Requêtes d'appel. Je crois également essentiel que celui des requêtes en cassation soit fait publiquement. Les Magistrats des Conseil de Sa Majesté sont hommes aussi bien que le dernier Conseiller du plus petit Bailliage & l'Etre Suprême ne s'est nullement engagé à favoriser spécialement un Maître des requêtes & à répandre sur lui un esprit de lumière & de sagesse dès qu'il auroit reçu ses provisions. C'est le travail & non l'argent ou la faveur du Prince qui donne la science. C'est une vérite qui seroit démontrée d'une manière bien convaincante, si rassemblant tous les Juges de la France, à commencer, depuis le premier des Magistrats jusqu'au dernier Bailli de village, ou fesoit l'épreuve de leur capacité, & si l'on plaçoit ensuite chacun selon son mérite. Quelle étrange révolution s'opéreroit! Que de hauts & dédaigneux magistrats, amateurs de la campagne, iroient pour longtems y fixer leur séjour.

CHAPITRE SEPTIEME.

Des Dépens & Dommages-Intéréts.

PERTE de tems, inquiétudes, fatigues, dépenfes extraordinaires, tels font & feront toujours les acceffoires d'un procès, quelles précautions que puiffe employer le Légiflateur. Le feul parti que l'on doive prendre à cet égard, c'eft d'alléger, autant qu'il fe peut, un fardeau inévitable & de dédommager de fa peine celui qui s'eft vû forcé de le foutenir.

Nous avons indiqué les moyens d'alléger le fardeau, il ne s'agit plus que de propofer un plan d'indemnité pour le Citoyen dont le repos a été troublé injuftement.

ARTICLE PREMIER.

Que toute partie qui fuccombera foit condamnée envers l'autre ou les autres aux dépens & que ces dépens, tant en caufe principale que d'appel, n'excèdent jamais le tiers du principal, fauf néanmoins le cas de malignité manifefte de la partie qui aura fuccombé.

ART. II.

Lorfque les prétentions (demandes ou défenfes)

de la partie qui fuccombera feront évidemment injuftes, qu'elle foit condamnée en des dommages intérêts envers l'autre partie, outre les dépens.

ART. III.

Qu'une prétention foit cenfée évidemment injufte, lorfque tous les Juges préfens auront été d'avis de la rejetter.

ART. IV.

Que les Juges règlent eux mêmes les dépens & les dommages-intérêts réfultans de l'injuftice évidente de la demande ou défenfe, par le même jugement qu'ils rendront fur le fond.

Il eft impoffible de préfenter un état de ces dommages-intérêts qui peuvent & doivent varier felon les circonftances. Ne pourroit-on pas en général les fixer à une fomme de trois ou fix l. par jour, à compter de celui où eft expiré le délai de l'affignation jufqu'au jour du jugement définitif? Quant aux dépens on peut les affujettir à des regles fixes. Voici le tarif que nous ofons préfenter.

TARIF.

DE DÉPENS.

Pour le Confeil, foit pour former une demande, foit pour y défendre.   3 liv.

Pour avoir une confultation, il en coûte ordinairement bien plus aux parties.

Pour dresser l'exploit d'ajournement. 1 liv.

Pour la signification, lorsque l'Huis-
fiers demeurera dans la même Ville que
l'Assigné.   1

Lorsque l'Assigné demeurera ailleurs,
qu'il soit alloué à l'Huissier une livre
par lieue, tant pour aller, que pour
revenir, mais que jamais il ne soit passé
en taxes, plus que si l'on eut pris un
Huissier du Tribunal le plus voisin de
l'Assigné. (Ord. de 1490, Art. 84)   1

Si le demandeur ne demeure pas dans
la même Ville que l'Huissier, qu'il lui
soit alloué pour ports de lettres 1 liv.
s'il demeure dans la même Province,
& 2 liv. s'il demeure dans une autre.

Pour le voyage, pour faire inscrire
la cause, lorsque la partie ne demeurera
point dans le lieu où le Tribunal est
établi 10 s. par lieue, de manière que
le tout n'excède pas 12 liv., lorsqu'il
sera alloué au demandeur.

Pour l'inscription de la cause & l'extrait
de ladite inscription.   10 s.

Pour le séjour afin de se consulter ou
conférer avec sa partie adverse, & faire
mettre la cause au rôle, 3 l. par jour.

Pour la plaidoierie, afin de faire mettre
la cause au rôle, soit que la partie ait
plaidé la cause elle-même, ou l'ait fait
plaider.   1

A l'Huissier tant pour l'inscription sur
le rôle que pour l'extrait d'inscription.   10

Pour le retour après que la cause
aura été mise au rôle 10 s. par lieue,

de sorte que la somme n'excède pas 12 liv. si elle est allouée au demandeur.

Pour le voyage lorsque la cause sera près de venir, 10 s. par lieue comme ci-dessus.

Pour le séjour afin de faire juger la cause 3 liv. par jour. Qu'il ne soit alloué que huit jours lorsque la partie ne prouvera point qu'elle a séjourné & été obligée de séjourner plus longtems.

Lorsqu'une cause aura été jugée sans qu'il ait été ordonné de délibéré, que tous les frais de voyage, séjours & retours ne puissent excéder 75 liv., lorsqu'ils seront alloués au demandeur, & cent livres, lorsqu'ils le seront au défendeur, à quelque distance que le demandeur ou le défendeur demeurent du Tribunal.

Que les voyages & séjours soient alloués, soit qu'ils aient été faits, ou non, pourvu toutesfois que la partie ne demeure pas dans la Ville où est établi le Tribunal.

Pour la première plaidoyerie du demandeur, soit qu'il ait plaidé lui-même ou un autre, qu'il y ait trois sortes de taxe savoir, à l'Audience des instructions. 1 l. 10 s. 3 l. 4 l. 10 s. à celle du petit rôle. 3 6 12 l. à celle du grand rôle 6 12 24 l.

Que les Juges en prononçant leur jugement employent celles de ces taxes qu'ils croiront convenables, non point en égard au style du plaidoyer, mais

à raison du travail que la caufe en elle-
même aura exigé.

Pour la première plaidoyerie du défendeur, mêmes taxes que ci deffus.

Pour la réplique du demandeur moitié des taxes précédentes.

Pour les requêtes ou actes contenant
conclufions fur lefquelles il aura été
fait droit.   1

Pour chaque copie.   10 f.

Pour la fignification defdites requêtes
ou autres pièces, lorfqu'elle fera faite
au bureau des Huiffiers.   4

Et lorfqu'elle fera faite à un domicile
élu ailleurs.   10

Pour l'inventaire fommaire que chaque
partie fera tenue de faire de fes
pièces 3 fol. par pièces, tant pour l'original que la copie, * de manière néanmoins que le coût de cet inventaire ne
foit pas moïndre de 10 f.

Pour la copie de chaque pièce fignifiée
10 f. par rôle, égal au rôle ou à deux
pages de Mémoire imprimé *In-quarto*.

Dans le cas où il y auroit en caufe
un fi grand nombre de parties que les
frais de copie furpaffaffent les frais d'impreffion, que les pièces foient imprimées
& qu'outre les frais d'impreffion il ne
foit alloué qu'une fimple copie manuf-
crite & le coût des fignifications.

----

* Cette copie eft deftinée à être remife au Confeiller-Secrétaire
dans le cas où l'on ordonneroit un délibéré.

Pour

Pour l'examen de chaque pièce
fignifiée 10 f. lorfque l'acte ne contiendra
qu'un rôle de minute, lorfqu'il en contiendra plus, 5 f. pour chaque rôle.

A l'Huiffier pour chaque appel de
caufe (fi les Huiffiers n'ont aucuns
appointemens) 5 f.

Pour chaque feuille de Mémoire
imprimé *in*-4ᵉ., contenant huit pages,
dans le cas où il pourra paffer en
taxe.

12 18 24 l.

Non compris les frais d'impreffion &
de fignification. Au Confeiller Secrétaire,
ou plutôt à fon Commis, pour copie
du difpofitif du Jugement définitif,
lorfqu'on la requerra.   1 l. 4 f.

Au même, pour l'expédition entière
du jugement 1 l. par rôle de minute,
de manière cependant que le coût de
l'expédition ne foit pas moindre de 1 l.
10 f. & n'excède pas 6 l.   1 l.

Lorfqu'une caufe aura été mife en délibéré fur
le regiftre, qu'il foit alloué une prolongation de
féjour, pendant trois jours.

Au Confeiller-Secrétaire, ou plutôt à fon Commis pour l'expédition d'un Jugement d'appointement, qu'il foit payé 1 l. 10 f. lorfqu'il n'aura
qu'un rôle de minute & 20 f. par rôle, lorfqu'il
en aura plufieurs.

Que pour la copie fignifiée foit allouée moitié
de la fomme indiquée ci-deffus, non compris le
coût de la fignification.

Pour les Mémoires imprimés qui feront fignifiés après l'appointement, par chaque feuille d'impreffion *in-4°.* non compris les frais d'impreffion & le coût de la fignification.

18.   24   36 l.

Selon qu'il fera arbitré par les Juges en jugeant le fond.

Pour les écritures ou Mémoires manufcrits 3 l. par rôle de minute égal à deux pages d'impreffion *in-4°.*, la copie non comprife.

Pour l'infcription fnr le regiftre de diftribution.   1 l.

Lorfqu'une caufe aura été appointée, qu'il foit alloué au demandeur qui ne demeurera point dans la Ville où eft établi le Tribunal.

1°. Quatre f. par lieue pour l'envoi au Greffe de fa production, de manière que le tout n'excède pas ; 2 l. , un voyage reglé comme ci-deffus, pour vérifier après l'échéance des délais , fi le défendeur a produit & deux jours de féjour pour prendre communication de fa production ; & fi le défendeur n'a point produit, un feul jour de féjour pour faire infcrire l'inftance fur le regiftre de diftribution 3°. fi le défendeur a produit, un voyage pour apporter la réponfe à la production & aux contredits du défendeur, & un jour de féjour pour faire infcrire l'inftance fur le regiftre de diftribution 4°. enfin un voyage & quatre jours de féjour pour affifter au rapport ; & lever le jugement.

Si c'eft le défendeur qui gagne fon procès , qu'il lui foit alloué 1°. un voyage & deux jours de féjour pour avoir apporté au Greffe fa production & pris communication de celle du demandeur ; 2°. deux f. par lieue pour avoir envoyé fa réponfe

ou ses contredits à la production du demandeur.
3°. un voyage & un jour de séjour pour faire
inscrire l'instance sur le registre de distribution,
4°. enfin un voyage & quatre jours de séjour pour
assister au rapport & lever le jugement.

Qu'il ne soit payé aucun droit de Secrétaire, soit
des Gens du Roi ou du Rapporteur, ni de communication, ni de dépôt, ni de retrait de sacs,
ni de déclaration ou de taxe de dépens.

Qu'il soit taxé pour une requête d'appel 12, 18 ou 24. l. selon qu'il sera
arbitré par les Juges.

Pour la consultation des deux
Avocats.   12 l.

Pour la quittance d'amende.   10 s.

Pour la copie de la sentence d'appel
10 s. par rôle de minute comme pour
les pièces signifiées en première instance.

Voyage pour venir présenter la requête :
20 s. par lieue, tant pour aller que pour
revenir, c'est-à dire 10 s. pour aller
& 10 s. pour revenir, de manière que
le tout n'excède pas cinquante livres
& en outre, trois jours de séjour à raison
de 4 l. pour chaque jour.

Ensuite pour les plaidoyeries, Mémoires, écritures, copies, examens & significations de pièces, droits d'inscriptions
de causes ou instances, & autres droits,
le double de ce qui est taxé pour les
Bailliages, à la réserve des voyages
pour lesquels seront allouées les mêmes
sommes que celles qui ont été fixées ci-
dessus, & des séjours pour lesquels ne

fera accordé que quatre livres par jour.

Que pour tous les voyages & féjours faits en caufe d'appel il ne puiffe être alloué plus que la fomme de deux cens livres, foit à l'appellant ou à l'Intimé, à quelque diftance qu'ils demeurent du Tribunal Supérieur.

Pour une requête civile ou en contrariété d'arrêts ou en caffation 24, 36 ou 48 l. felon qu'il fera arbitré par les Juges.

Pour la Confultation des deux anciens Avocats.   12 l.

Enfuite mêmes droits qu'en caufe d'appel.

Ce tarif offre en général des taxes bien fupérieures à celles qui exiftent actuellement; mais n'eft-ce pas offenfer le bon fens que de vouloir que pour trois f., ou fi l'on veut douze l.; on paffe huit ou quinze jours à examiner toutes les pièces d'une caufe, & compofer un plaidoyer, qu'enfuite il faut prononcer pendant une heure dans un vaft‡ auditoire? Quand les taxes font infuffifantes, il faut bien les excéder ou inventer des moyens pour les éluder. Alors l'avidité, authorifée en quelque forte par la néceffité, ne connoit plus de bornes & la parcimonie du Légiflateur caufe la ruine du malheureux plaideur, qu'il avoit voulu ménager. Voila ce que je prie, plufieurs Citoyens aveuglés peut-être par leur Patriotifme de bien péfer. Ils voudroient que la Juftice fut rendue gratuitement & fans frais. Mais la chofe eft-elle poffible?

On peut & l'on doit fans doute fupprimer les

épices , mais à ces épices il faut fubftituer des
appointemens honnêtes. On peut abolir les exactions des Sécretaires, les écritures inutiles, les
vacations fuperflues , mais il faudra toujours des
plaidoyers ou des Mémoires. Si c'eft la partie
elle-même qui compofe ces plaidoyers ou Mémoires,
elle ne tirera pas de fa poche de l'argent pour
les payer ; mais au fond , ces plaidoyers ou
mémoires ne lui conteront-ils rien ? Le tems
qu'elle employera à compofer ces plaidoyers ou
mémoires , elle l'eut peut-être confacré à des
travaux qui euffent fervi à l'alimenter elle & fa
famille. Ainfi ces plaidoyers ou mémoires lui coute-
ront fort cher & peut-être plus que fi elle les eut
fait compofer par un Avocat. Car (n'en déplaife
aux Gens de Lettres, qui ont prefque toujours
la modeftie de fe croire plus capables que tous
les Avocats du monde de faire un bon plaidoyer
ou mémoire) pour réuffir dans ce genre , comme
dans tous les autres , il faut une étude particulière ,
une certaine triture & , à mérite égal , un mémoire
fera rédigé bien plus promptement & pour me
fervir d'un terme technique, d'une manière bien
plus *probante* par un Avocat que par un Auteur.
Que font ces grands & volumineux mémoires où
d'ambitieux littérateurs raffemblent, pour ainfi
dire, des quatre coins du monde tous les faits
nés & à naître, entaffent toutes les maximes, opinions
réflexions, adoptées & à adopter , enfin , parlent de
tout, excepté de la caufe ? On pourroit fort bien
comparer ces mémoires à cette multitude confufe
de peuples divers que Xerxès forçoit, à grands coups
de fouet , de traverfer rapidement le pont qu'il
avoit fait conftruire fur l'Hellefpont & qui fut enfuite

taillée en pièces par une poignée de Grecs bien disciplinés.

Au reste, quand tout homme, tant soit peu instruit, seroit en état de rédiger un plaidoyer ou mémoire aussi bien & aussi facilement qu'un Avocat, en seroit-il de même de tous les plaideurs ? L'homme le plus ignorant ne peut-il pas avoir en tête un adversaire , qui à la mauvaise foi réunisse les talens les plus propres à la faire triompher ? Que fera le premier ? Seul & sans défense, osera-t il lutter contre un ennemi armé , pour ainsi dire , de toutes pièces , & à moins qu'en lui, comme il arrive quelquefois, la présomprion n'égale l'igno-rance , n'aura-t-il pas recours à quelque citoyen qu'il juge propre à lui assurer la victoire ? Ce défenseur, je veux bien croire qu'il consacrera volontiers son tems & ses soins au pauvre qui implorera son secours ; mais il ne sera sans doute point d'humeur à en faire le sacrifice au Citoyen aisé qui les reclamera.

Eh bien ! dira-t-on , ce Citoyen aisé payera son Avocat. Soit ; mais ce Citoyen , parce qu'il est dans l'aisance, est-il juste qu'un plaideur de mauvaise foi puisse lui occasionner impunément des dépenses ? Admettre le systême de ceux qui veulent que les procès soient jugés sans frais , ce seroit multiplier les procès à l'infini , & causer la ruine de ceux qui les gagneroient. Les Commissions du Conseil nous en offrent la preuve. Les procès s'y jugent sans dépens. Qu'en résulte-t-il ? Qu'après avoir été privé longtems de son repos & avoir fait des déboursés considérables, celui qui gagne son procès n'obtient souvent d'autre avantage que celui de n'être plus obligé de dépenser son argent.

Il eſt vrai qu'il en eſt à peu près de même dans les autres Tribunaux ; mais c'eſt un abus dont on ſe plaint ; or pour réformer un abus , il n'eſt ſans doute pas raiſonnable de ſubſtituer à ce qui occaſionne ordinairement cet abus , ce qui le rendroit inévitable.

Il eſt des Citoyens dont le génie ſimplificateur élimine totalement les frais de Juſtice. Que chacun, diſent-ils, ſe préſente lui même à ſes Juges & lui expoſe ſuccinctement les faits & que ceux-ci, après avoir entendu les deux parties & tiré la vérité de leur bouche, prononcent leur Jugement.

Abſtraction faite du voyage quelquefois très-long qu'aſſez ſouvent l'une des parties ſeroit obligée de faire , & dont il ſeroit juſte de lui faire rembourſer les frais par celle qui ſuccomberoit, ce projet eſt excellent & pour le mettre à exécution il ne faudroit trouver qu'environ cent ou deux cens mille Citoyens tous diſpoſés à vaquer gratuitement du matin au ſoir à l'audition de tous ceux qui voudroient s'amuſer à plaider , jeu auquel , attendu la modicité du prix , beaucoup de perſonnes pourroient ſe livrer. Car voici à cet égard comment aſſez ſouvent les choſes ſe paſſent.

On a une conteſtation avec quelqu'un , & auſſi-tôt voila qu'on eſt diſpoſé à plaider ; enſuite , on dépenſe quelque argent pour conſultations ou autres objets , ou bien l'on ſonge qu'il faudra en débourſer , cela fait faire quelques réflexions qui amortiſſent un peu le deſir de plaider ; bientôt l'on finit par entrer en accommodement, & voila le procès éteint, pour ainſi dire, avant de naître. S'il n'y a point de condamnation de dépens à craindre, *qu'eſt-ce que je riſque ,* dira un Chicaneur déſœuvré ?

& auſſi-tôt pour ſe déſennuyer, il troublera le repos de ſes voiſins.

J'ai dit que pour juger tous les procès qui s'éleveroient, s'il n'y avoit point de condamnations de dépens, & ſi chacun étoit tenu de plaider ſa cauſe lui-même, il faudroit plus de cent mille Juges & je crois ne m'être pas trompé.

Ceux qui ſe ſont trouvés chargés de défendre les intérêts de quelques Citoyens ont ſans doute plus d'une fois éprouvé bien des difficultés à ſe procurer, de la part de leurs cliens, tous les éclair-ciſſemens dont-ils avoient beſoin pour la défenſe de leur cauſe. Si un Avocat ou Procureur a tant de peine à ſe faire inſtruire par celui qui eſt intéreſſé à ne lui rien cacher, il faut avouer qu'un Juge placé entre deux parties, dont l'une ne ſera pas en état de ſe faire entendre, & l'autre peut-être fera tous ſes efforts pour empêcher qu'elle ne ſoit entendue, il faut avouer, dis-je, que ce Juge, quelle ſagacité qu'on lui ſuppoſe, aura de la peine à découvrir la vérité & ſera par conſéquent forcé d'employer un tems conſidérable à cette recherche. Ainſi pour l'expédition des procès il importe que ceux qui ne ſont pas en état de plaider leur cauſe la faſſent plaider par d'autres, & il eſt de l'intérêt des Citoyens paiſibles & honnêtes qu'il y ait des condamnations de dépens & que ces dépens ſoient fixés de manière que celui qui gagnera ſon procès recouvre ce qu'il n'a pu éviter de dépenſer direc-tement ou indirectement pour ſa défenſe.

APPENDICE

Du Traité de la Procédure Civile.

Nous avons indiqué les règles générales ou premieres de la procédure ; dans cet appendice nous propoferons des regles fecondaires dont l'ufage fera moins fréquent.

Ce nouveau Traité fera partagé en quatre Chapitres.

Le premier aura pour objet les exceptions déclinatoires, qui tendent à faire renvoyer la demande devant d'autres Juges que ceux devant lefquels elle a été portée ; le fecond, les exceptions dilatoires, qui ont pour but, non pas d'éteindre l'action ou demande, mais feulement de la repouffer ou fufpendre pour un tems ; dans le troifieme il fera queftion de l'intervention ; enfin dans le quatrieme nous réunirons les divers moyens d'éclairer la religion des Juges, tels que les interrogatoires fur faits & articles, les compulfoires, reconnoiffances & vérifications d'écriture, les enquêtes, les defcentes fur les lieux, les vifites d'Experts & autres objets acceffoires.

CHAPITRE PREMIER.

Des Exceptions Declinatoires.

L'ORDRE public & l'intérêt des plaideurs exigent que la compétence de chaque Tribunal soit bien déterminée, & qu'il ne soit point permis d'en enfreindre les limites. Mais en secondant les justes réclamations du Citoyen qui se voit distraire mal-à-propos du centre de ses affaires, il faut aussi réprimer les démarches vexatoires de ceux qui cherchent qu'à abuser des ressources que la Loi leur présente. On s'efforcera d'atteindre également l'un & l'autre but dans ce Chapitre, qui est bien plus important que ne se l'imagineront peut-être beaucoup de personnes peu versées dans cette matiere, & qui ignorent quelle multitude de petits procès font naître les exceptions déclinatoires.

ART. PREMIER.

Que le Tribunal du lieu où sera domicilié le défendeur originaire, ou bien où sera situé l'immeuble qui sera l'objet de la contestation, ou bien où aura été domicilié celui de la succession ou de l'exécution du testament duquel il s'agira, ou enfin qui aura été choisi par les parties dans le contrat * qu'elles auront fait ensemble, puisse

---

* Il est intéressant pour le commerce, que des Parties qui contractent ensemble puissent convenir du Tribunal où elles porteront

feul connoître d'une caufe ou inftance , lorfque d'ailleurs l'objet du procès fera de fa compétence.

A R T. I I.

Qu'il foit expreffément défendu à tous Juges, de quelques Tribunaux que ce foit , de retenir aucune caufe , inftance ou procès dont la connoiffance ne leur appaitient ; mais qu'il leur foit enjoint de renvoyer les parties devant les Juges qui en doivent connoître , ou d'ordonner qu'elles fe pourvoiront , à peine de nullité des jugemens & de *fix cens livres d'amende*, applicable, moitié à la caiffe des fecours ou aumônes , & l'autre moitié à la partie qui le requerra.

Des amendes pour contenir les Juges dans leur devoir ! Oui, des amendes & des amendes confidérables ; voila le feul moyen de réprimer ce defir effréné de domination qui toujours a tourmenté & tourmentera toujours tous les hommes & par conféquent les Juges. Quoi de plus fcandaleux, quoi de plus ruineux pour les plaideurs que ces conflits de jurifdiction qu'on voit s'élever fans ceffe entre les Tribunaux ! quoi de plus bizarre & de plus révoltant que ces arrêts de diverfes Cours, qui fe caffent réciproquement & défendent à tous Huiffiers, Cavaliers de Maréchauffée &c. *fous peine de prifon*, de les mettre à exécution ! Magiftrats, qui voulez tant qu'on vous refpecte , refpectez vous donc vous mêmes, & ne forcez pas le Public, temoin de tant de fçenes, ridicules, à partager le mépris, que vous vous temoignez les uns aux autres avec tant d'éclat.

---

les conteftations qui pourront s'élever entre elles, relativement à l'exécution de leurs engagemens ; autrement deux Citoyens de Provinces différentes ne traiteront entre eux qu'à des conditions infiniment onéreufes pour celui qui aura befoin du fecours de l'autre. » Je ne veux point m'expofer à avoir un procès fi loin de moi , a dit-on, tous les jours.

A R T. I I I.

Que sous peine de nullité des Jugemens & de
fix cens livres d'amende, applicable comme deffus,
il soit défendu à tous Juges d'évoquer les causes
instances & procès pendans aux sièges inférieurs,
sous prétexte d'appel ou de connexité, si ce n'est
pour juger définitivement en l'Audience & sur le
champ par un seul & même jugement.

Une cause doit être censée jugée sur le champ, lorsqu'elle
l'est après un délibéré sur le champ.

A R T. I V.

Lorsqu'une partie prétendra avoir été assignée
devant un Juge incompétent, qu'elle demande
son renvoi devant celui qu'elle croira compétent
par un acte qu'elle fera signifier au demandeur,
du domicile qu'il aura élu par l'exploit d'assignation, dans les trois jours à compter de celui où
sera expiré le délai de ladite assignation ; si le
demandeur consent au renvoi, consentement qu'il
pourra donner, soit au bas de l'acte qui lui sera
signifié, ou par un acte séparé, alors sans qu'il
soit besoin d'autre exploit que l'assignation soit
censée donnée devant le nouveau Juge le jour où
ce consentement aura été déclaré, & qu'en conséquence les délais de l'assignation commencent
à courir de ce jour; si au contraire le demandeur
garde le silence ou refuse de consentir au renvoi,
que le lendemain de la signification de l'acte dé-

clinatoire, l'affigné puiffe faire infcrire la caufe fur le rôle de l'audience des inftructions pour y être plaidée à fon tour, relativement feulement au déclinatoire, & que cependant l'inftruction & le jugement du fond foient fufpendus.

A R T. V.

Que celui qui aura procédé fur le fond de la conteftation ou qui aura laiffé infcrire la caufe fur un des rôles ordinaires, fans avoir propofé d'exception déclinatoire, ne puiffe plus demander fon renvoi devant un autre Juge.

A R T. VI.

Que celui qui fuccombera fur une demande en renvoi devant d'autres Juges, foit condamné en 50 livres d'amende applicable moitié à l'autre partie & moitié à la caiffe des fecours ou aumônes.

On ne fauroit être trop févere à l'égard des plaideurs qui ne cherchent qu'à incidenter. Ce font les incidens, qui éternifent les procès, & qui en multiplient fi prodigieufement les frais.

A R T. VII.

Que celui qui aura été condamné par défaut par un Tribunal qu'il prétendra être incompétent, puiffe, en formant oppofition à la fentence dans le délai prefcrit relativement aux autres fentences par défaut, demander fon renvoi devant un autre

Juge, en fe conformant à ce qui eft prefcrit par l'article précédent.

A r t. V I I I.

Que celui qui voudra iuterjetter appel de déni de renvoi ou de Juge incompétent, foit tenu préalablement de configner une amende de 75 livres; qu'il préfente aux Avocats-Généraux de la Cour dont relevera le premier Tribunal , une requête fommaire d'appel à laquelle il annexera la quittance d'amende , laquelle requête fera par eux taxée à trois ou fix livres felon qu'ils l'eftimeront couvenable ; foit qu'elle ait été rédigée par la partie même ou par d'autres perfonnes. Si la requête eft rejettée, que l'appellant foit condamné en l'amende envers la caiffe des fecours ou aumônes ; fi au contraire la requête eft admife , qu'il foit permis à l'appellant d'intimer devant la Cour les Juges du premier Tribunal & la partie adverfe , pourvu que lors de la demande en renvoi elle n'ait point déclaré s'en rapporter purement & fimplement à la prudence dudit Tribunal , auquel cas elle ne pourra être intimée. Si en définitif l'appel de déni de renvoi eft admis , c'eft-à dire, fi le premier Tribunal eft déclaré incompétent, que l'amende foit rendue , & que les premiers Juges & autres parties intimées foient condamnés aux dépens envers l'appellant ; fi au contraire l'appel eft rejetté , que l'appellant foit condamné aux dépens envers les intimés , & en trois cens livres d'amende applicable un tiers à la caiffe des fecours ou aumônes, & les deux autres tiers aux intimés foit Juges ou autres. En cas d'appel de

Juge incompétent , lequel ne pourra être interjetté que lorsque le jugement aura été rendu par défaut , que le demandeur ne soit point tenu de comparoître sur l'appel, s'il ne veut ; & s'il ne comparoit pas , qu'il ne soit prononcé aucune condamnation de dépens contre lui, ni à son profit.

A R T. IX.

Que les demandes en renvoi ni les appels de deni de renvoi ou de Juge incompétent ne puissent être réservés , ni joints en principal, mais qu'il y soit toujours préalablement fait droit *.

A R T. X.

Lorsque le Tribunal qu'on prétendra être incompétent , sera d'une autre espece que celui devant lequel on demandera à être renvoyé , par exemple, si l'on a été assigné devant la Municipalité , dans une matiere qui est de la compétence du Bailliage , & qu'il soit intervenu une sentence par défaut ou que le Tribunal n'ait eu aucun égard au déclinatoire, en ce cas que celui qui voudra interjetter appel , présente sa requête à un Bureau composé des Officiers qui exerceront les fonctions du Ministere public dans les trois Tribunaux Souverains de la Province, c'est-à-dire, dans la Commission Intermédiaire Provinciale , dans la Cour Souveraine de Justice & dans la Chambre

---

* Ordonnance de 1667, tit. 6, art. 3.

Souveraine du Commerce. Si la requête est admise, que ceux que l'arrêt ou décision de ce Bureau permettra d'intimer, foient affignés devant
une Chambre formée d'un nombre égal de Membres des trois Cours, & qu'au furplus foit obfervé
ce qui eft indiqué dans les articles précédens.

ART. XI.

Dans le cas où une Cour Souveraine auroit
excédé les limites de fa compétence, qu'on obferve
ce qui eft indiqué par l'article précédent; mais
que dans ce dernier cas, la Chambre foit compofée
autant que faire fe pourra de membres qui n'ayent
pas été juges de la conteftation & que les amendes
foient doubles de ce qu'elles feront lorfqu'il s'agira
d'un fimple appel de déni de renvoi ou de Juge
incompétent.

Si ces fortes de conteftations fe portoient devant un Tribunal
particulier, il y auroit lieu de craindre qu'il ne fut trop favorable aux Tribunaux de Juftice, dont il fera toujours effentiel de
modérer le pouvoir. Il eft vrai qu'en fuivant notre plan, il pourroit arriver que les Tribunaux Municipaux & ceux du commerce
fe favoriffaffent au préjudice des Tribunaux juraux; mais ce
feroit un petit inconvénient qui, quoi qu'un peu nuifible aux
gens de Loi, ne tourneroit qu'à l'avantage du Public, *pour le
fervice & l'utilité duquel feul tous les Tribunaux & Officiers doivent être établis.*

∂⇽

CHAP. II.

CHAPITRE II.

Des exceptions dilatoires.

FORCER une partie à se défendre sur le fond de
la contestation aussitôt qu'elle est portée devant
les Tribunaux, ce seroit souvent une rigueur
déplacée. Il est des cas où le législateur même le
plus sévère ne peut se dispenser de suspendre en
quelque sorte pour un tems le cours de la Justice.
Une partie vient à décéder dans le cours d'une
instance ; une personne est assignée lorsque sa qualité est encore indécise, ou bien l'action qu'on
exerce contre elle doit retomber totalement ou en
partie sur d'autres qu'il est à propos par conséquent
de mettre en cause. Ce sont les motifs d'autant
d'exceptions dilatoires, qui feront l'objet de diverses
sections. Dans la premiere, on exposera les regles
qui peuvent s'appliquer à presque toutes ces exceptions.

SECTION PREMIERE.

Regles générales sur les exceptions dilatoires.

ARTICLE PREMIER.

LORSQUE le défendeur aura plusieurs exceptions dilatoires à propofer, qu'il foit tenu de les propofer toutes par un feul & même acte qu'il fignifiera ou fera fignifier (en la manière prefcrite pour les fignifications qui fe font dans le cours des inftances) au demandeur, au plus tard dans les trois jours à compter de celui où écherra l'affignation, s'il s'agit d'une caufe ordinaire, & dans le jour même s'il s'agit d'un provifoire ; qu'il ne puiffe faire valoir les exceptions qu'il aura omifes, à moins que la caufe n'en foit furvenue depuis la fignifi- cation de l'acte qui contiendra les autres ; néan- moins, lorfqu'une des exceptions qu'on aura à propofer réfultera du défaut de qualité actuelle, il fuffira de la notifier feule *.

ART. II.

Si à l'inftant même de la fignification, dans le cas où la demande feroit provifoire, ou dan ᵃ

---

* Ordonnance de 1667, tit. 9, art. 1 & 2.

les trois jours de ladite fignification dans les autres
cas, le demandeur ne déclare point qu'il défère
aux exceptions, que le jour même ou le quatrième,
felon la diftinction que l'on vient de faire, le défendeur puiffe faire infcrire la caufe que fait naître
cet incident, pour être placée le jour même fur
le rôle des inftructions & être plaidée quand fon
tour viendra & que jufqu'à ce qu'elle ait été jugée,
l'inftruction & le jugement de la caufe principale
ou primitive demeurent fufpendus.

A R T   I I I.

Si dans le cours de la plaidoyerie d'une caufe,
ou de l'inftruction d'une inftance ou procès par
écrit, naiffoit en faveur de l'une des parties quelque
exception dilatoire, que l'inftruction foit fufpendue;
mais fi elle étoit entièrement finie, que le jugement foit rendu, comme s'il n'étoit point furvenu
de caufe d'exception, fauf à ftatuer enfuite par un
autre jugement fur cette exception.

SECTION SECONDE.

Du cas où une partie vient à décéder dans le cours d'une instance, & de celui où une partie assignée n'a pas encore qualité pour défendre à une demande formée contre elle.

ART. PREMIER.

LORSQU'UNE partie viendra à décéder dans le cours d'une instance, que l'instruction soit suspendue jusqu'à ce que ses héritiers ou ayans cause, aient repris l'instance. Néanmoins si l'instruction étoit complette, que le jugement puisse être rendu nonobstant le décès.

ART. II.

Que l'instruction d'une cause ne soit censée complette, que lorsque le demandeur aura repliqué au défendeur, & que les Gens du Roi auront porté la parole, si la cause est de nature à leur être communiquée. A l'égard des instances ou procès par écrit, que l'instruction soit censée finie lorsque le demandeur aura répondu aux contredits du défendeur, soit que l'instance ait été communiquée ou non au ministere public. Que néanmoins dans le cas où le demandeur seroit décédé, après avoir parlé ou écrit le dernier, la cause ou instance

puisse être jugée en l'état où elle se trouvera, si
le défendeur le demande & consent de s'abstenir
de répondre au demandeur ; pareillement dans le
cas où le défendeur seroit décédé après avoir répondu au demandeur, que celui-ci puisse en s'abste-
nant de répliquer faire juger la cause ou instance
dans l'état où elle se trouvera.

A R T. I I I.

Que le décès d'une partie puisse être déclaré
de vive voix à l'audience, ou par un acte signifié à l'autre ou aux autres parties. Lorsque cette
déclaration sera faite par un autre que le défenseur ou le fondé de pouvoir du défunt , qu'elle
ne soit valable qu'autant qu'elle sera appuyée de
pieces justificatives , ou que celui qui la fera donnera caution pour sûreté des dommages-intérêts
auxquels ils sera condamné en cas de fausse déclaration.

A R T. I V.

Dans le cas où la partie décédée n'auroit aucun intérêt dans la cause ou instance, & n'y figu-
reroit que pour entendre déclarer commun avec
elle le jugement à intervenir, ou auroit déclaré
s'en rapporter purement & simplement à la prudence du Tribunal, que son décès n'apporte aucun
retard à l'instruction ni au jugement.

ART. V.

Lorsqu'une partie sera décédée , que l'autre puisse assigner ses héritiers en reprise d'instance , sans obtenir à cet effet aucun jugement ni commission en quelque lieu que ces héritiers soient domiciliés ; que dans le jour ou les trois jours (selon la distinction faite précédemment) à compter du jour de l'expiration du délai de l'assignation en reprise , la cause puisse être plaidée de nouveau , ou l'instruction de l'instance ou procès par écrit , reprise en l'état où elle étoit , & continuée , soit que les assignés comparoissent ou non , sans qu'il soit besoin de leur faire aucune sommation ou autre acte particulier.

Les actes de reprise & les jugemens qui tiennent l'instance pour reprise ne sont utiles qu'ax Officiers de Justice ; à qui ils procurent des émolumens.

ATR. VI.

Lors qu'une partie aura été assignée en reprise d'instance , ou en qualité de veuve ou d'héritier , d'une personne décédée dans le cours d'une instance ou avant quelle fût formée , si cette partie n'a point encore accepé la Communauté ou la succession , & qu'elle soit encore dans les délais pour délibérer pu'elle ne puisse être contrainte de plaider sur le fond avant l'expiration de ce délai , en signifiant toutesfois ou faisant signifier cette exception au demandeur , comme il est prescrit par l'article 1.

de la section précédente , & en se conformant à l'article 2 de cette même section , dans le cas où le demandeur refuseroit de déférer à l'exception proposée.

A R T. V I I.

Que la veuve ou l'héritier aient *deux* mois depuis le décès, pour faire inventaire, & *un* mois pour délibérer s'ils accepteront la communauté ou succession, ou s'ils y renonceront ; & si l'inventaire a été fait avant l'expiration des deux mois , que le délai d'un mois courre du jour que l'inventaire aura été parachevé.

L'Ordonnance de 1667, tit. 7 art. 1, accorde trois mois pour faire l'inventaire & 40 jours pour délibérer ; nous proposons d'abréger ces délais pour satisfaire un grand nombre de personnes qui se plaignent de leur longueur & voudroient même qu'o n supprimât la faculté de délibérer. Mais alors qu'arriveroit-il? ou que la plupart des successions resteroient vacantes , ou qu'une foule de Citoyens honnêtes & rangés se verroient ruinés pour avoir accepté la succession d'un parent dont ils ignoroient la mauvaise conduite , car on sait que ce n'est souvent qu'à la mort d'un homme que se manifeste le dérangement de ses affaires. L'un & l'autre de ces inconvéniens ne pourroit qu'être infiniment préjudiciable à la société ; ainsi il nous semble nécessaire de conserver la faculté de délibérer, en en restraignant seulement la durée.

A R T. V I I I.

Que la partie qui aura été assignée comme veuve ou comme héritier , n'ait aucun nouveau délai, pour délibérer, si lors de l'échéance de l'assignation il y a plus d'un mois que l'inventaire a été fait en

fa préfence , ou en celle de fon Procureur ou elle
eft duement appellée. *

A R T. I X.

Si au jour de l'échéance de l'affignation le délai
de deux mois étoit expiré fans que l'affigné eut
fait faire inventaire, mais que le délai d'un mois
pour délibérer ne fût pas encore écoulé, qu'il ait le
refte du dernier délai, foit pour procéder à l'inventaire, ou pour faire fa déclaration qu'il renonce
à la fucceffion ou communauté; mais fi fes deux
délais étoient expirés, qu'il n'ait plus aucun tems
pour délibérer, foit que l'inventaire foit fait ou
non. **

A R T. X.

Si néanmoins il juftifie que l'inventaire n'a pu être
fait dans les deux mois, parce qu'il n'a pas eu connoiffance du décès du défunt, ou parce qu'il eft
furvenu des oppofitions, ou des conteftations, ou
autres empêchemens, qu'il lui foit accordé un délai
convenable pour faire inventaire, & un mois pour
délibérer; le quel délai fera reglé à l'Audience
des Inftructions, où jamais aucune caufe ne pourra
être appointée. ***

---

* Ord. 1667 tir. 7 art. 2.
** Ibid. art. 3.
*** Ibid. art. 4.

SECTION TROISIEME.

Des cas où il y a lieu de mettre en cause des garants ou autres personnes.

ARTICLE PREMIER.

LORSQU'UNE partie affignée prétendra avoir un recours quelconque à exercer contre quelqu'un, qu'elle puiffe le mettre en caufe fans aucune commiffion ou mandement de Juge, s'il demeure dans la province où fera établi le Tribunal.

ART. II.

Que le délai pour faire appeller cette perfonne en caufe foit de huitaine à compter du jour de la fignification de l'exploit du demandeur originaire & encore de tout le tems qui fera néceffaire pour appeller le garant; felon la diftance du lieu de fa demeure à raifon d'un jour pour dix lieues & autant pour retirer l'exploit *.

ART. III.

Qu'à l'exploit en garantie foit jointe la copie

---

* Ord. 1667 tit. 8 art. 3.

des pièces juſtificatives de la garantie , de l'exploit
du demandeur originaire & des autres pièces dont
il aura donné copie & qu'au ſurplus ſoit obſervé
tout ce qui eſt ordonné pour les ajournemens *.

A r t. I V.

Si le délai de l'aſſignation en garantie n'eſt point
échu en même-tems que celui de la demande originaire, que la cauſe ne puiſſe être enregiſtrée ſur
le regiſtre des inſcriptions , qu'après l'échéance
de ladite aſſignation , pourvu toutesfois que le
demandeur en garantie ait donné au demandeur
originaire copie de l'exploit de la demande en
garantie & des pièces juſtificatives.

A r t. V.

Dans le cas où le demandeur originaire ſoutien-
droit qu'il n'y a lieu au délai pour appeller garant,
que l'incident ſoit jugé ſommairement en la maniere
indiquée par l'article 2 de la premiere ſection de
ce chapitre.

A r t. V I.

Qu'il n'y ait point d'autre délai d'amener garant,
en quelque matière que ce ſoit, ſous pretexte de
minorité ou autre, ſauf après le jugement de la
demande principale à pourſuivre les garans devant
leurs Juges naturels, néanmoins que dans le cas
où le demandeur en garantie auroit été aſſigné

---

* Ibid. art. 5.

en qualité de veuve ou d'héritier, le délai pour appeller garant ne commence à courir qu'après l'expiration du délai accordé pour délibérer *.

A r t. VII.

Que ceux qui seront assignés en garantie quelconque soient tenus de procéder en la Jurisdiction où la demande originaire sera pendante, encore qu'ils dénient être garants ; cependant s'il paroît par écrit ou par l'évidence du fait que la demande originaire n'a été formée que pour traduire le garant hors de sa Jurisdiction, oué les Juges soient tenus de renvoyer la cause devant les Juges qui en doivent connoître & en cas de contravention, que les Juges puissent être intimés & pris à partie **.

A r t. VIII.

En garantie formelle, c'est-à-dire, dans les cas où en définitif les condamnations doivent retomber entierement sur le garan, que les garans puissent prendre le fait & cause du garanti, lequel en ce cas sera mis hors de cause, *soit qu'il le requiert ou non ;* que néanmoins le garanti, ainsi mis hors de cause, ait s'il le veut, la faculté d'y assister pour la conservation de ses droits, *mais à ses dépens* *.

---

* Ordonn. de 1667, art. 7, & 3.
** *Ibid.* art. 8.

Art. IX.

Que les jugemens rendus contre les garants formels soient exécutoires contre les garantis, sauf pour les dépens, dommages & intérêts dont la liquidation & exécution ne sera faite que contre les garans & qu'il suffise de signifier le jugement aux garantis, soit qu'ils ayent été mis hors de cause, ou qu'ils y ayent assisté, sans autre demande ni procédure. *.

Art. X.

En garantie simple, c'est-à-dire, dans les cas où le garanti est lui-même obligé personnellement, que le garant ne puisse prendre le fait & cause, mais seulement intervenir si bon lui semble **.

Art. XI.

Qu'il soit fait droit par un seul & même jugement sur la demande principale & sur celle en garantie.

Art. XII.

Que les garants qui succomberont soient condamnés aux dépens de la demande en garantie & en outre à ceux de la demande principale mais seulement du jour de la

---

* Ibid. art. 11.
** Ibid. art. 12.

de cette demande, & non à ceux qui auront été
faits auparavant, si ce n'est le cout de l'exploit
de demande originaire *.

ART. XIII.

Que les mêmes délais accordés pour appeller
le premier garant, le soient pour mettre en cause
le second & autres ; & s'il y a plusieurs garants
intéressés en la même garantie, qu'il n'y ait pour
tous qu'un seul délai qui sera reglé selon la demeure
du garant le plus éloigné. **.

CHAPITRE TROISIEME.

Des interventions.

IL arrive souvent qu'une partie qui n'a point
été appellée dans une contestation a intérêt d'y
prendre part ; il est juste par conséquent qu'elle
puisse y intervenir pour faire valoir ses droits que
souvent les deux autres parties méconnoissent &
quelquefois même cherchent à usurper ; ainsi

---

* Ord. de 1667, tit. 8, art. 13.
** Ibid. art. 15.

ART. PREMIER.

Qu'il foit permis à toute perfonne d'intervenir dans une caufe ou inftance en fefant fignifier ou fignifiant elle même aux autres parties un acte contenant les motifs de fon intervention, avec copie des titres fur lefquels elle eft fondée.

Cette fignification fe feroit de la même manière que les fignifications, qui ont lieu pendant le cours des inftances.

ART. II.

Que tout intervenant dont l'intervention fera réjettée foit condamné aux dépens envers toutes les parties & en outre en 50 liv. d'amende envers chacune d'elles. Que cette amende foit de 100 liv. dans les Cours, & que même, tant dans les Bailliages que dans les Cours, l'intervenant puiffe être condamné à une plus forte amende, s'il paroît n'avoir agi que dans la vue de vexer les autres parties.

CHAPITRE QUATRIEME

Des divers moyens d'éclairer la religion des Juges.

SI quelquefois les deux parties font de bonne foi & ne fe propofent que d'éclairer la Religion des Juges, il eft certain que plus fouvent l'une

d'elles & quelquefois toutes les deux cherchent à
la surprendre & l'on pourroit comparer un Tribunal devant lequel plaident deux parties à une
forteresse attaquée en même tems par deux armées
ennemies qui s'en disputent la conquête. Il est
donc à propos que les Juges employent quelquefois d'office des moyens particuliers de découvrir
la vérité. Ces moyens, ce sont des interrogatoires,
des compulsoires, des enquêtes, des descentes &
visites. On va proposer quelques règles à cet égard
& l'on indiquera en même tems celles qu'il est
à propos de suivre dans les cas où les parties elles-
mêmes demandent qu'on employe ces moyens.

SECTION PREMIERE.

Des Interrogatoires.

A R T. Ier.

QUE les Juges puissent, après que les plaidoyeries
des parties seront finies, les interroger en personne
ou ordonner qu'elles seront interrogées ensemble
ou séparément par l'un d'eux, sur-tout ce qui peut-
être relatif à la contestation pendante devant le
Tribunal; & en cas d'absence de la partie, que
le Tribunal puisse commettre l'un des Juges du
Tribunal le plus voisin du lieu où elle demeure
ou plutôt en ce dernier cas que l'interrogatoire
soit subi devant deux membres de la petite Municipalité assistés du Secrétaire.

A r t. I I.

Que les parties puiffent pareillement fe faire interroger réciproquement en tout état de caufe, fur faits & articles pertinens, concernant feulement la matière dont eft queftion, pardevant l'un des Juges ou le différend eft pendant, & en cas d'abfence de la partie par le Juge qui fera commis fur les lieux où elle fera, par le Tribunal ; le tout fans retardation de l'inftruction & du jugement ; qu'à cet effet la partie préfente au Tribunal une requête contenant fommairement & fans aucun préambule ni obfervation quelconque, les faits fur lefquels elle defire que l'autre partie foit interrogée & qu'au bas de cette requête le Préfident ou premier Officier du Tribunal indique celui par qui l'interrogatoire fera fait.

A r t. I I I.

Lorfqu'un interrogatoire aura été ordonné d'office, que la partie qui doit le fubir foit ajournée à la requête du Miniftère Public, en la forme prefcrite pour les ajournemens, devant le Tribunal ou l'Officier par lui commis, aux jour, lieu & heure indiqués par le jugement ou ordonnance & qu'en tête de l'exploit foit donnée copie du jugement ou ordonnance, mais fans aucune mention des faits qui doivent être l'objet de l'interrogatoire.

A r t. I V.

Lorfque l'interrogatoire aura été ordonné à la requête

requête d'une partie, que l'exploit soit donné au nom de cette partie & soit précédé de la copie de sa requête contenant les faits & articles, du jugement du Tribunal & de l'ordonnance du Juge commis à cet effet.

A r t. V.

Si la partie ne comparoit point aux jours & lieux qui seront assignés & ne fait point présenter d'exoine valable, ou fait refus de répondre, qu'il soit dressé un Procès-verbal sommaire, faisant mention de l'assignation & du refus ; & lorsque la partie aura été assignée en son propre & privé nom, que sur le Procès-verbal les faits soient tenus pour confessés & avérés, sans obtenir aucun Arrêt ou jugement *. Que néammoins dans le cas où la partie déclaretoit les motifs de son refus, il ne puisse être statué sur ce refus que par le Tribunal entier qui aura ordonné l'interrogatoire.

A r t. V I.

Si cependant la partie se présente avant le jugement du procès, tant en premier qu'en dernier ressort, pour subir interrogatoire, qu'elle soit reçue à répondre, à la charge de payer les frais de l'interrogatoire & d'en donner copie à l'autre partie, même de rembourser les frais du premier Procès-verbal, sans pouvoir les répéter & sans aucune retardation du jugement du procès **.

---

* Ordonnance de 1667, tit. 10, art. 4.
** Ibid. art. 5.

ART. VII.

Que la partie réponde en personne & non par
Procureur ni par écrit & en cas de maladie ou
d'empêchement légitime, que le Juge se transp-
porté en son domicile pour recevoir son interrogatoire *.

ART. VIII.

Que le Juge, après avoir pris le serment de
la personne qu'il doit interroger, reçoive ses réponses sur chaque fait & article & *les lui fasse signer,
ou par son Conseil, en cas qu'elles ne sache ou ne
puisse signer* ; qu'il puisse même d'office interroger
cette personne sur des faits dont il ne lui ait point
été donné copie, pourvu toutesfois que ces faits
aient quelque liaison avec ceux dont il a été donné
copie ; mais qu'en cherchant à découvrir la vérité,
le Juge s'abstienne de toute question captieuse qui
ne pourroit qu'égarer la personne interrogée &
la faire soupçonner d'avoir fait ce à quoi elle
n'a même jamais pensé **.

ART. IX.

Que les réponses soient précises & pertinentes
sur chacun fait, & sans aucun terme injurieux
& calomnieux *** & que pour chaque réponse qui
se trouvera mensongère, la personne interrogée

---

* Ord. de 1667, tit. 10, art. 6.
** Ibid. art. 7.
*** Ibid. art. 8.

foit condamnée à 12 liv. d'amende applicable à
la caiffe des fecours ou aumônes & même à une
plus grande peine, felon la gravité de la faute.

A R T. X.

Que les chapitres, corps & communautés foient
tenus de nommer un Syndic, Procureur ou Officier,
pour répondre fur les faits & articles qui leur
auront été communiqués & à cette fin qu'ils paffent
un pouvoir fpécial dans lequel les réponfes feront
expliquée. & affirmées véritables ; autrement,
q e les faits foient tenus pour confeffés & avérés,
fans préjudice de faire interroger les Syndics,
Procureurs ou autres, qui ont agi par les ordres
de la Communauté, fur les faits qui les concer-
nent en particulier, pour y avoir par le Juge tel
égard que de raifon *.

A R T, X I.

Que les interrogatoires, en cas qu'ils ne foient
point faits gratuirement, ne fe faffent aux frais
& dépens de ceux qui les auront requis, qu'autant
qu'il n'en fera refulté aucune preuve nouvelle en
leur faveur.

L'Ordonnance de 1667, veut que les frais des
interrogatoires foient toujours à la charge de ceux
qui les ont requis. Mais n'eft-ce pas trop favorifer
les frippons ?

(*) Ordon. de 1667, tit. 10, art. 9.

SECTION DEUXIEME.

*Des compulsoires, reconnoissances & vérification
d'écritures.*

ARTICLE PREMIER.

LORSQUE les Juges suspecteront la sincérité de
copies ou expéditions des pièces qui leur seront
représentées, qu'ils puissent ordonner le rapport
des originaux, & faire à cet égard ce que leur
prudence leur suggerera.

ART. II.

Lorsqu'une partie aura intérêt d'avoir copie d'une
pièce, & qu'on la lui refusera, qu'elle présente
aux Juges une requête très-sommaire tendante à
être autorisée à tirer copie de cette pièce en quelques mains qu'elle soit; qu'elle donne cette requête
au Conseiller-Secrétaire qui la remettra à celui
des Juges qui sera nommé par le Tribunal &
sur le rapport que celui-ci fera publiquement à
l'Audience, qu'il soit rendu jugement ou qui
rejette la requête, ou qui permette le compulsoire.
Si le compulsoire est permis, que tout dépositaire
de la pièce dont-il sera question, soit tenu d'en
donner ou laisser prendre copie; mais que cette
copie ne puisse faire foi que contre les personnes
en présence desquelles, ou lesquelles duement appel-
lées, elle aura été délivrée & collationnée.

A R T. I I I.

Lorsque le compulsoire sera requis dans le cours d'une instance, que la réquisition ne puisse s'en faire qu'en vertu d'une requête ou acte signifié aux autres parties, en la maniere prescrite pour les significations dans le chapitre *des ajournemens* dans les autres cas ; s'il y a lieu d'assigner pour être présent au compulsoire, que l'assignation soit donnée en la forme ordinaire des ajournemens.

A R T. I V.

Que les assignations pour assister aux compulsoires, extraits & collations de pièces soient données à heure fixe au lieu du dépôt de la pièce, si elle est entre les mains d'un Officier public & au Greffe ou Secretariat du Tribunal le plus voisin, si elle est entre les mains d'une personne privée & que le procès-verbal de compulsoire & de collation ne puisse être commencé qu'une heure après l'échéance de l'assignation, dans le cas où quelque partie aura été assignée pour y être présente, dont mention sera faite dans le procès-verbal.

A R T. V.

Si le dépositaire de la pièce refuse d'en donner ou laisser prendre copie, qu'il soit assigné sur le champ devant le Juge le plus prochain (par exemple, devant la petite Municipalité) qui statuera, s'il se peut, à l'instant même sur le refus, autrement renverra les parties devant le Tribunal qui aura ordonné le compulsoire.

Art. VI.

Si la partie qui requiert le compulsoire ne comparoit point, ni personne pour elle, qu'elle soit condamnée à payer à celle qui aura comparu, pour ses dépens, dommages & intérêts la somme de *trente livres*, & les frais de son voyage; s'il en échet, qui seront payés comme frais préjudiciaux.

L'Ord. de 1667 tit. 12, art. 3, accorde vingt livres.

Art. VII.

Qu'il ne soit plus procédé préalablement à la reconnoissance des actes sous seing-privé avant d'en pouvoir obtenir l'exécution, mais si celui par qui on prétend qu'ils ont été souscrits, ou son héritier ou ayant cause le nie, qu'il soit procédé sur le champ, ou le plutôt possible, à la vérification desdits actes, en présence de l'un des Juges du Tribunal ou la contestation sera pendante; que pour faire cette vérification, chacune des parties nomme un Expert écrivain, sinon qu'il en soit nommé un par le Juge commis; que la partie qui prétendra que l'acte est véritable puisse à l'appui de son assertion, produire telles pièces qu'elle croira convenables, & notamment des actes authentiques, & si celui à qui l'on attribue l'écriture ou signature est encore vivant, qu'il soit tenu de faire à deux ou trois séances différentes, deux ou trois corps d'écriture, en présence des Experts, du Juge & de l'autre partie, si elle veut y assister. Que celui

qui aura nié la vérité de l'écriture ou de la signature, soit condamné aux frais de la vérification,
& si c'est l'auteur même de l'acte, qu'il soit condamné en outre en deux cens livres d'amende,
applicable, moitié à l'autre partie & l'autre moitié
à la caisse des secours ou aumônes & qu'il soit
privé de tout office ou place de judicature ou de
municipalité & exclus de tout concours pendant
cinq ans ou au moins pendant deux ans ; & que
le demandeur ait hypothèque du jour du jugement qui aura ordonné la vérification.

SECTION TROISIEME.

Des Enquêtes.

ART. Ier.

DANS les cas où il y aura lieu de faire des
enquêtes, (lesquels cas seront laissés à la prudence
des Juges) que le même jugement qui les ordonnera, contienne les faits qui doivent faire l'objet
desdites enquêtes ; que chacune des parties indique,
au plus tard dans les trois jours, au Procureur ou
premier Avocat du Roi (ou Avocat ou Procureur
Général) les témoins qu'elle desire faire entendre ;
que ces témoins, ainsi que ceux qu'il plaira au
Ministère public appeller, soient assignés à la
requête dudit Ministère public au plus tard dans
les trois jours, lorsqu'ils demeureront dans la

Ville où eſt établi le Tribunal. Que ces témoins
ſoient ajournés à jour, heure & lieu certains,
qu'avant de faire leur dépoſition, ils ſoient introduits
dans une ſalle particuliere où ils ſeront ſurveillés
par un des Magiſtrats ; qu'ils ſoient appellés ſucceſſivement à l'Audience (ou devant l'un des Juges,
mais toujours en préſence de l'un des Avocats ou
Procuteur du Roi, des parties & du Public);
que le témoin déclare ſes nom, ſurnom, âge,
qualités & demeure ; qu'enſuite chacune des
parties propoſe ſes reproches, ſi elle en a à propoſer ; qu'il y ſoit fait droit ſur le champ, au
moins proviſoirement ; que le témoin faſſe ſerment
de dire vérité & que ſa dépoſition ſoit reçue &
écrite parle Conſeiller-Secrétaire ou autre perſonne
à ce commiſe qui prêtera ſerment à cet effet,
que lecture ſoit faite au témoin de ſa dépoſition,
& qu'après y avoit fait les additions ou changemens qu'il jugera à propos, il la ſigne s'il ſait
& peut ſigner ainſi que les apoſtilles les renvois
ſinon, qu'il en ſoit fait mention & que ladite
dépoſition ſoit ſignée par le Conſeiller Secrétaire
ou autre feſant les fonctions, & ſi la dépoſition
n'eſt pas reçue à l'audience, qu'elle ſoit en outre
ſignée par le Juge & l'Avocat du Roi en préſence
deſquels elle aura été faite & par celles des parties
qui ſeront préſentes, ou leurs défenſeurs.

Nous propoſons de laiſſer à la prudence des Juges, les cas
où il conviendra d'ordonner ou permettre des enquêtes, parce
que nous penſons qu'il eſt impoſſible d'établir à cet égard aucune
loi fixe & invariable qui ne ſoit ſuſceptible d'inconvéniens beaucoup plus grands peut-être, que ceux auxquels on auroit cru
remédier.

Art. II.

Si l'enquête a été faite à l'Audience, que les Juges puissent sur le champ juger le fond de la contestation , ou accorder aux parties un bref délai pendant lequel chacune d'elles poura prendre copie de l'enquête, pour venir faire ensuite à l'audience, après ledit délai , telles observations qu'elle jugera à propos.

Ce plan , comme on voit, dispense les parties 1°. des frais d'un procès verbal de prestation de serment. 2°. de la signification des reproches. 3°. des frais d'une double enquête qui d'ailleurs sont souvent frustratoires, car il arrive quelquefois que les deux parties font entendre les mêmes témoins, ce qui forme un double emploi.

Art. III.

Lorsque les témoins ou quelques-uns d'eux ne demeureront point dans la Ville où est établi le Tribunal qui aura ordonné l'enquête , qu'ils soient entendus publiquement devant deux Commissaires de la petite Municipalité du lieu où ils demeureront ou séjourneront & que copie de l'enquête signée du Secrétaire de la petite Municipalité soit envoyée au Conseiller-Secrétaire du Tribunal qui aura ordonné l'enquête. Que les parties puissent aussi , si elles veulent, se faire délivrer ou prendre copie de ladite enquête. Lorsque l'enquête aura été faite ainsi, qu'après la lecture qui sera faite à l'audience du Tribunal de Justice, des noms, âges, qualités & demeures des témoins, chaque partie puisse proposer ses reproches & qu'au surplus soit observé ce qui est indiqué ci-dessus.

Art. IV.

Qu'à chaque témoin, qui le requerra, quelle que soit sa qualité, soient alloués pour son salaire vingt sous seulement dont il donnera quittance & qui seront acquittés par celle des parties à la requête de qui le témoin aura été entendu, & par conséquent par le trésor public, lorsque le témoin n'aura été entendu qu'à la requête du Ministère Public.

Art. V.

Lorsque l'enquête n'aura pas été faite uniquement dans le Tribunal saisi de la contestation, que huitaine, après le jour auquel aura pu être assigné le témoin le plus éloigné, s'il demeure dans la Province où est ledit Tribunal, & quinzaine après, s'il demeure dans une autre Province, l'une des parties puisse faire inscrire la cause sur le rôle pour être plaidée & jugée en l'état où elle se trouvera lorsque son tour viendra.

Art. VI.

Si l'enquête a été ordonnée dans le cours d'une instance ou procès par écrit, que copie du procès verbal d'enquête soit remise au Conseiller Rapporteur par le Conseiller Secrétaire & que chacune des parties puisse remettre à ce dernier des observations sommaires sur les dépositions des témoins, après toutefois avoir donné copie de ces observations à sa partie adverse ; que ces observations soient communiquées par le Conseiller Secrétaire,

d'abord au Ministère Public & enfuite au Rapporteur. Dans le cas où l'une des parties auroit des
reproches à propofer contre quelqu'un des témoins,
qu'elle les indique fommairement à l'audience des
inftructions, en préfence de l'autre partie & du
Miniftère Public, avant de joindre au procès fes
obfervations fur les dépofitions. Que ces obfervations ne puiffent contenir copie de l'enquête ou
du moins qu'elles ne paffent en taxe que relativement aux reflexions qu'elles contiendront; que
cette taxe foit déterminée par le Rapporteur au
bas defdites obfervations, conformément d'ailleurs à ce qui a été indiqué précédement pour les
pieces d'écritures.

ART. VII.

Que les témoins foient tenus de comparoître à
l'heure de l'affignation (& au plus tard à l'heure
fuivante) à peine de dix livres d'amende, au
payement de laquelle ils feront contraints par
faifie & vente de leurs biens & non par empri-
fonnement, fi ce n'eft qu'il fut ordonné par le
Juge, ou les Commiffaires Municipaux, en cas
de manifefte défobéiffance; & que les ordonnances des Juges & Commiffaires foient exécutées
pour la peine de dix livres feulement, nonóbftant
oppofitions ou appellations *.

ART. VIII.

Que les parens & alliés des parries jufques aux

---

* Ord, de 1667 tit. 22 art. 8.

enfans des coufins iffus de germain inclufivement
ne puiffent être témoins (en matière civile) pour
dépofer en leur faveur ou contr'eux, & que leurs
dépofitions foient rejettées, * à moins qu'il ne
s'agiffe de prouver l'âge, l'état ou le décès de
quelqu'un, ou de vérifier un fait qui s'eft paflé
dans l'intérieur d'une famille, ou enfin de conftater des degrés de parenté.

ART. IX.

Qu'une partie ne puiffe faire ouïr plus de dix
témoins fur un fait, autrement qu'elle ne puiffe
prétendre le rembourfement des frais qu'elle aura
faits à cet égard, encore que tous les dépens
du procès lui foient adjugés en fin de caufe.

ART. X.

Que les Confeillers-Secrétaires ou autres qui
auront écrit l'enquête ne puiffent exiger aucun
falaire; que feulement dans le cas ou ils en déli-
vreroient des expéditions aux parties, ils puiffent
fe faire payer la fomme indiquée dans le tarif des
dépens pour les copies de pièces, & qu'ils ne
puiffent refufer aux parties la liberté d'en prendre
elles-mêmes copie.

Dans ce dernier cas on pourroit allouer au Confeiller-
Secréraire, ou a fon commis, un modique droit de préfence,
par exemple 1 liv. 10 f. par heure,

---

* *Ibid.* art. 11.

A R T. X I.

Si l'enquête est déclarée nulle, qu'il en soir fait une nouvelle aux dépens de celui (Juge ou partie) par la faute duquel la premiere sera nulle, & que les mêmes témoins puissent y être entendus.

A R T. X I I.

Qu'après avoir entendu les dépositions des témoins les Juges prononcent ce que leur prudence leur suggerera.

Il est plus facile de corrompre des témoins que des Juges, & par conséquent il vaut mieux s'en rapporter à ceux-ci qu'aux premiers. D'ailleurs ces Juges seront surveillés par le Public qui aura entendu les dépositions ; ainsi il y a lieu de croire qu'en leur laissant toute liberté d'apprécier le mérite de l'enquête, ils rendront un jugement plus équitable que si on les astreignoit à ne faire autre chose que recueillir les dépositions & en présenter le résultat numérique.

SECTION QUATRIEME.

Des Descentes & Visites.

ARTICLE PREMIER.

Que les Juges puissent ordonner & faire descente sur les lieux, toutes les fois qu'ils le jugeront à propos que cette descente soit faite sans frais, sauf

néanmoins, dans le cas de transport hors de la
Ville, au Juge-Commissaire à se faire payer le
coût de la voiture seulement par le tréfor public,
lorfque la defcente aura été ordonnée d'Office,
& par les parties, lorfqu'elle aura été ordonnée
à leur requête; fi la defcente n'a été requife que
par l'une des parties que le coût de la voiture
foit avancé par elle, fauf à répeter contre celle
qui fuccombera; & que le Commiffaire foit pendant fon voyage réputé préfent aux audiences,
& jouiffe en conféquence des retributions jour-
nalières.

ART. II.

Que le Juge qui fera commis pour faire la
defcente foit nommé *par le Tribunal*, & choifi
parmi ceux qui auront affifté au jugement qui
aura ordonné la defcente, mais que ce ne puiffe
jamais être le Rapporteur du procès, fauf à celui-
ci, ainfi qu'aux autres Juges, à faire à fes frais
pour fon inftruction, telle vifite des lieux qu'il lui
plaira, en évitant toutesfois de donner à connoître qu'il eft le Rapporteur.

ART. III.

Lorfque les defcentes n'auront point été ordonnées
d'office, que les Commiffaires ne puiffent les faire
fans la réquifition de l'une des parties, & que la
partie requérante foit tenue de configner les frais
de transport indiqués ci-deffus.

A R T. IV.

Que le jugement qui ordonnera la defcente, &
la requête portant réquifition pour y procéder,
dans le cas où il en fera fait une, foient remis
au Commiffaire qui indiquera un jour, heure &
lieu certains pour s'y trouver; que cette indication
foit notifiée par ordre du Commiffaire aux parties
à leur domicile élu pour les fignifications, avec
invitation de s'y trouver, fi bon leur femble; que
cette notification foit faite huit jours d'avance,
lorfque la defcente devra être faite à plus de dix
lieues de diftance de la ville où eft le Tribunal
qui l'aura ordonnée, que le Commiffaire foit tenu
de partir dans quinzaine de la réquifition, autrement qu'il en foit fubrogé un autre en fa place;
lorfque la vifite aura été ordonnée d'office que
le Commiffaire foit tenu de partir dans quinzaine
du Jugement qui l'aura nommé.

A R T. V.

Faute par le Commiffaire d'exécuter ce qui eft
prefcrit par l'article précédent, qu'il (ou plutôt
le Tribunal) puiffe y être contraint par les voyes
indiquées précédemment, relativement aux rapports des caufes mifes en délibéré ou appointées.

A R T. VI.

S'il y a des caufes de récufation contre le Commiffaire, qu'elles foient propofées par un acte très-
fommaire trois jours avant fon départ, dans le

cas où ce départ aura été notifié huit jours auparavant ; autrement qu'il soit passé outre par le Commissaire, & que ce qui sera fait & ordonné soit exécuté nonobstant oppositions ou appellations, prises à partie & récusations, même pour causes survenues depuis, sauf à y faire droit, après le retour du Commissaire ; dans le cas où le départ n'aura pas été notifié huit jours auparavant, que les causes de récusation puissent être valablement proposées le jour même du départ. Que les causes de récusation soient notifiées au Juge & aux parties intéressées, & sur le refus d'y déférer, que le récusant puisse dans le jour même se pourvoir à l'audience des instructions. Qu'il en soit de même, dans tous les cas où il y aura lieu de récuser des Juges ou des Experts.

Nous n'indiquerons point ici les causes de récusation, parce qu'il nous semble qu'elles doivent plutôt trouver leur place dans un traité de droit que dans un plan de procédure.

A R T V I I.

Que les jugemens qui ordonneront que les lieux & ouvrages seront vus, visités, toisés ou estimés par experts, fassent mention expresse des faits sur lesquels les rapports doivent être faits, & que pour l'exécution dudit jugement les parties soient renvoyées devant les petites Municipalités.

Les formalités qu'il y aura lieu d'observer dans les diverses affaires dont nous proposons d'attribuer la connoissance, ou même la gestion aux petites Municipalités, pourront faire l'objet d'un traité particulier où (si nous l'entreprenons) nous rassemblerons tout ce qui concerne les nominations de tuteurs, curateurs, experts, &c. les redditions de compte, les récep-

tions

tions de caution, les liquidations de fruits, l'enthérinement des rapports, la rédaction des divers contrats, les ventes de meubles & même d'immeubles, & par conséquent les si fameuses saisies réelles, &c., &c., &c. Enfin, presque tout ce qui mine sourdement la fortune des Citoyens, même les plus pacifiques.

Art. VIII.

Que les procès-verbaux de descente des Juges, & ceux de visite d'Experts, soient réunis au Conseiller-Sécretaire du Tribunal qui les aura ordonnés, que les parties puissent, si elles le veulent, s'en faire délivrer ou en prendre copie, & que trois jours après l'audience puisse être indiquée par les Juges, ou requise par l'une des Parties. Si la cause étoit mise en délibéré ou appointée, que le rapport en soit suspendu pendant huitaine, pendant laquelle chacune des parties pourra remettre au Conseiller-Secrétaire telles observations qu'elle jugera à propos, après toutefois en avoir donné copie à sa partie adverse.

Fin de la seconde Partie.

TABLE

DES CHAPITRES,

Sections & Paragraphes contenus dans cet Ouvrage.

CHAPITRE PRÉLIMINAIRE.

APPENDICE.

SECONDE PARTIE.

APPENDICE.

Fin de la Table.